2016

# 中国粮食发展报告

CHINA GRAIN DEVELOPMENT REPORT 2016

国家粮食局　主编

中国社会出版社
国家一级出版社·全国百佳图书出版单位

图书在版编目（CIP）数据

2016中国粮食发展报告/国家粮食局编.—北京：中国社会出版社，2016.10
ISBN 978-7-5087-5489-5

Ⅰ.①2… Ⅱ.①国… Ⅲ.①粮食—经济发展—研究报告—中国—2016 Ⅳ.①F326.11

中国版本图书馆CIP数据核字（2016）第259733号

书　　名：2016中国粮食发展报告
编　　者：国家粮食局

出 版 人：浦善新
终 审 人：李　浩
责任编辑：李冬雁　　　　责任校对：张　丛

出版发行：中国社会出版社　　　　邮政编码：100032
通联方法：北京市西城区二龙路甲33号新龙大厦
电　　话：编辑部：（010）58124823
　　　　　邮购部：（010）58124848
　　　　　销售部：（010）58124845
　　　　　传　真：（010）58124856
网　　址：www.shcbs.com.cn
　　　　　shcbs.mca.gov.cn
经　　销：各地新华书店

中国社会出版社天猫旗舰店

印刷装订：中国电影出版社印刷厂
开　　本：210mm×285mm　1/16
印　　张：9.5
字　　数：200千字
版　　次：2016年11月第1版
印　　次：2016年11月第1次印刷
定　　价：150.00元

中国社会出版社微信公众号

# 2016
# 中国粮食发展报告编辑委员会

## 委　员

# 目录

# 目录

# 目录

# 目 录

# 2015 年中国粮食发展概述

2015 年，面对错综复杂的外部形势和艰巨繁重的工作任务，在党中央、国务院的坚强领导下，全国粮食系统广大干部职工深入贯彻党的十八大和十八届三中、四中、五中全会精神，认真贯彻落实习近平总书记系列重要讲话精神，坚决贯彻党中央、国务院各项决策部署，做到政令畅通、令行禁止，不折不扣地落实中央关于粮食工作的方针政策，切实履行保障国家粮食安全的行业职责。认真贯彻中央关于全面从严治党的要求，把党建工作与业务工作同步落实，确保粮食流通工作坚持正确政治方向和持续健康发展，为促进经济发展、社会稳定作出了积极贡献。

## 一、粮食安全省长责任制全面建立，国家粮食安全保障制度建设取得重大突破

2014 年底，国务院印发了《关于建立健全粮食安全省长责任制的若干意见》，明确界定了地方政府粮食安全责任，实现了理顺粮食流通管理体制的新突破，为全面深化粮食流通改革、全面推进依法治粮奠定了重要的制度基础。2015 年是全面贯彻落实粮食安全省长责任制的第一年，11 月配套出台了考核办法，监督考核机制抓紧建立。各地积极主动推进粮食安全省长责任制的贯彻落实，31 个省级人民政府均出台了实施意见，大部分省份制定了考核办法。各地普遍成立了落实粮食安全责任工作领导小组或建立了联席会议制度，吉林、江苏、安徽、江西、湖南、广西、海南、四川、云南、甘肃等省（区）将粮食安全责任落实情况纳入政府绩效考核，保障区域粮食安全、维护国家粮食安全的制度体系初步形成。

## 二、抓收购、保供应、管库存，粮食市场和价格基本稳定

2015 年，粮食全年总产量实现“十二连增”，创下 62143.9 万吨的历史新高，比上年增加 1441.3 万吨，增长 2.4%。与此同时，粮食进口量也进一步增加，其中大豆进口 8169 万吨，创历史新高。在收购政策上，小麦和稻谷最低收购价执行预案实现“三合一”；油菜籽收购由省级政府全面负责，中央财政予以适当支持；玉米临时收储探索形成“一主多辅”模式，价格更加贴近市场。这些实实在在的改革举措为进一步深化政策性粮食购销机制改革奠定了良好基础。

面对我国粮食连年丰收、收储矛盾十分突出的新形势，特别是在粮价下行压力加大、主产区仓容缺口巨大、政策调整影响较大的困难条件下，采取了一系列行之有效的政策措施，收到了良好效果。在抓收购方面，全国粮食系统认真落实国家粮食收购政策，适时启动政策性收储，着力强化市场监

管，粮食收购工作总体平稳有序，没有发生农民“卖粮难”现象。全年共收购粮食42420万吨，其中最低收购价粮和临时存储粮18270万吨，同比增加5910万吨，通过价格托底、优质优价、整晒提等、产后减损等措施，带动农民增收870亿元，有效保护了农民种粮积极性，为促进农民增收、促进经济社会发展发挥了积极作用。在保供应方面，积极推动产销合作，2015年粮食跨省流通量达到17000万吨。大力提升粮食应急保障能力和军粮供应服务水平，年末粮食应急供应网点达4.4万个，灾区群众和救灾部队粮食供应得到可靠保障。粮食批发交易市场得到长足发展，全国粮食统一竞价交易系统实现平台整合、并网运行，宏观调控的精准性、有效性显著增强。调整优化中央储备粮品种结构和区域布局，科学核定地方粮食储备规模，2015年末地方储备粮增加计划已如期到位87%，区域市场调控能力进一步增强。粮食市场供应充足，满足了不同层次的消费需求，维护了市场和价格基本稳定。在管库存方面，积极创新粮食库存监管方式，强化监管机制，认真组织开展库存检查，努力做到库存粮食账实相符。面对粮食库存之高前所未有、简易仓囤储粮之多前所未有的严峻形势，多管齐下，防治并举，消除安全隐患，力推科技储粮和绿色储粮，库存粮食没有出现严重霉变、坏粮事故。

## 三、着力深化粮食流通领域改革和依法治粮，粮食流通管理效能不断提高，发展环境持续改善

积极稳妥推进粮食收储体制改革，玉米临时收储探索形成“一主多辅”模式，价格更加贴近市场，油菜籽收购交由省级政府组织实施。吉林、黑龙江、安徽、湖北、河南等省积极探索出台省级临时收储、加工补贴收购等办法，认真抓好质量不达标粮食的收购工作。统计业务实现归口管理，网上直报系统投入运行，统计制度改革基本完成，统一、精简、准确、管用的粮食流通统计体系初步形成，服务宏观调控决策的水平进一步提高。以“一县一企、一企多点”模式为主推进国有粮食企业改革，代储代烘、粮食电商等新业态服务“三农”效果明显。在市场持续低迷的情况下，努力挖潜增效、搞活经营，2015年全国国有粮食企业实现统算盈利78亿元，国有粮食企业已连续9年保持统算盈利。启动实施科研项目督导评估新机制，积极推进新一轮粮食科技体制改革。加快行业人才体制改革，建立健全激励机制，为行业人才培养提供制度保障。大幅减少行政审批事项，切实提高审批效率和服务水平。积极扩大开放，加强国际合作，国家粮食局与农业部联合举办APEC第三届粮食安全部长级会议，成功举办APEC粮食安全政策伙伴关系机制系列会议，与多个国家涉粮机构签署了战略合作协议，建立了良好的合作关系。加快推进法治粮食建设，“粮食法”立法进程加快。各地粮食法制建设取得积极进展，广东、贵州、宁夏和江苏无锡、甘肃兰州等地颁布实施了地方性粮食法规，一大批地方政府规章先后出台。各地公布了粮食行政权力清单，认真开展粮食执法检查工作，积极探索推进省际间联合执法，依法治粮、依法管粮取得实效。

## 四、全面实施“粮安工程”，粮食收储能力和质量安全保障水平迈上新台阶

2015 年中央财政投资 159 亿元，带动地方和企业配套投资 384 亿元，建设现代化仓容 4000 多万吨，维修改造“危仓老库”仓容 5500 万吨，粮食收储能力比“十一五”末增加 32%，基层一线骨干粮库收储功能明显提升，库容库貌焕然一新。加大“北粮南运”主通道和西南、西北流入通道建设，配套建成一批粮食物流和加工园区。新增 347 家国家粮食质量监测机构，粮食质量监测体系进一步建立健全。深入推进“放心粮油”工程和主食产业化，着力保障“舌尖上的安全”，全国“放心粮油”网点达 23 万多家。积极实施农户科学储粮专项五年建设规划，累计配置储粮装具 1000 万套，每年为农户减少粮食损失 125 万吨以上。

## 五、扎实推进科技兴粮人才兴粮，行业自主创新能力明显增强

积极推动实施粮食公益性行业科研专项等 25 个重点项目，建成 5 个粮食产后领域国家工程实验室。横向通风储粮新技术和储运监管物联网等绿色高效技术得到推广应用，真菌毒素污染粮食安全利用技术研发取得重要阶段性成果。“现代食品加工及粮食收储运技术与装备”已列入国家重点研发计划，2016 年全面启动实施。行业技能人才培养体系不断完善，4 万多人取得国家粮食职业资格。河南工业大学和南京财经大学首次设立粮食专业博士培养项目，2015 年粮食行业实现了院士“零突破”。

## 六、认真落实全面从严治党要求，粮食系统政风行风持续好转

认真落实全面从严治党战略部署，不断完善体制机制，狠抓工作落实。扎实开展“三严三实”专题教育，统筹业务党务队伍建设，党组成员带头讲专题党课，开辟“粮安论坛”，举行多场“三严三实”专题报告会。认真贯彻落实惩治和预防腐败体系工作规划，通过举办行业反腐倡廉图片展等形式积极开展廉政教育，粮食系统党员干部党的意识、纪律意识、规矩意识、法治意识进一步增强。加强粮食文化建设，开展纪念“四无粮仓”创建 60 周年系列活动，弘扬“创业、创新、节俭、奉献”的“四无粮仓”精神，传承“宁流千滴汗、不坏一粒粮”的行业优良作风。开展“世界粮食日”和“全国爱粮节”粮宣传周活动，产后节粮减损行动取得实效，全社会节约粮食、反对浪费的新风尚正在形成。

# 第一部分

## 粮食生产

# 一 粮食生产概述

2015年是全面深化改革的关键之年，是全面推进依法治国的开局之年，也是全面完成“十二五”规划的收官之年。党中央、国务院着眼全局，出台了一系列强农富农惠农政策，各地坚决贯彻中央决策部署，围绕农业转方式、调结构，加大政策扶持、强化科技创新、深入推进农村改革，稳步提升粮食产能，粮食高位护盘取得新突破，实现历史罕见的“十二连增”，为促进经济持续健康发展提供了有力支撑。

## （一）面积稳定增加

据统计，2015年粮食播种面积11334.3万公顷，比上年增加62万公顷，增幅0.6%，是新中国成立以来第一次连续十二年增加。

## （二）单产提高

2015年粮食平均单产每公顷5483公斤，比上年提高98公斤，增幅1.8%。

## （三）总产连续第十二年增产

2015年粮食总产62143.9万吨，比上年增产1441.3万吨，增幅2.4%，实现新中国成立以来第一次连续十二年增产。

# 二 粮食生产品种结构

## （一）三季粮食稳定发展

夏粮增产：2015年夏粮播种面积2762.5万公顷，比上年增加4.4万公顷，增幅0.2%；总产14088.1万吨，比上年增产428.5万吨，增幅3.1%；单产每公顷5100公斤，比上年提高147公斤，增幅3.0%。

早稻持平略减：2015年早稻播种面积571.5万公顷，比上年减少8万公顷，减幅1.4%；总产3368.7万吨，比上年减少32.4万吨，减幅1%；单产每公顷5895公斤，比上年提高26公斤，增幅4.4%。

秋粮增产：2015年秋粮播种面积8000.3万公顷，比上年增加65.7万公顷，增幅0.8%；总产44687.1万吨，比上年增产1045.2万吨，增幅2.4%；单产每公顷5586公斤，比上年提高86公斤，增幅1.6%。

## （二）主要粮食品种“三增一减”

稻谷增产：2015年稻谷播种面积3021.6万公顷，比上年减少9.4万公顷，减幅0.3%；总产20822.5万吨，比上年增产171.8万吨，增幅0.8%；单产每公顷6891公斤，比上年提高78公斤，增幅1.1%。

小麦增产：2015年小麦播种面积2414.1万公顷，比上年增加7.2万公顷，增幅0.3%；总产13018.5万吨，比上年增产397.7万吨，增幅3.2%；单产每公顷5393公斤，比上年提高149公斤，增幅2.8%。

玉米增产：2015年玉米播种面积3811.9万公顷，比上年增加99.6万公顷，增幅2.7%；总产22463.2万吨，比上年增产898.5万吨，增幅4.2%；单产每公顷5893公斤，比上年提高84公斤，增幅1.4%。

大豆减产：2015年大豆播种面积650.6万公顷，比上年减少29.4万公顷；总产1178.5万吨，比上年减少36.8万吨，减幅3%；单产每公顷1811公斤，比上年提高24公斤，增幅1.4%。

## 三 粮食生产地区布局

### （一）从南北区域看

北方15省（区、市）2015年粮食播种面积6312.6万公顷，比上年增加58.3万公顷，增幅0.9%；产量34842.6万吨，比上年增产1007.2万吨，增幅3%，该区域粮食产量占全国粮食总产的56.1%。

南方16省（区、市）2015年粮食播种面积5021.7万公顷，比上年增加3.8万公顷，增幅0.1%；产量27301.3万吨，比上年增产434.2万吨，增幅1.6%，该区域粮食产量占全国粮食总产的43.9%。

### （二）从东西区域看

东部12省（区、市）2015年粮食播种面积3163.5万公顷，比上年增加18.8万公顷，增幅0.6%；产量18477万吨，比上年增产420.6万吨，增幅2.3%，该区域粮食产量占全国粮食总产的29.7%。

中部9省（区）2015年粮食播种面积5587.3万公顷，比上年增加35.7万公顷，增幅0.6%；产量31517.7万吨，比上年增产741.9万吨，增幅2.4%，该区域粮食产量占全国粮食总产的50.7%。

西部10省（区、市）2015年粮食播种面积2583.5万公顷，比上年增加7.5万公顷，增幅0.3%；产量12149.2万吨，比上年增产278.9万吨，增幅2.3%，该区域粮食产量占全国粮食总产的19.6%。

### （三）从生态区域看

东北4省（区）2015年粮食播种面积2586.7万公顷，比上年增加28.4万公顷，增幅1.1%；产量14800.5万吨，比上年增产518.6万吨，增幅3.6%，该区域粮食产量占全国粮食总产的 23.8%。

西北 6 省（区）2015 年粮食播种面积 1265.3 万公顷，比上年增加 14 万公顷，增幅 1.1%；产量 5654.1 万吨，比上年增产 69.6 万吨，增幅 1.2%，该区域粮食产量占全国粮食总产的 9.1%。

黄淮海 7 省（市）2015 年粮食播种面积 3666.4 万公顷，比上年增加 21.1 万公顷，增幅 0.6%；产量 21487.5 万吨，比上年增产 612 万吨，增幅 2.9%，该区域粮食产量占全国粮食总产的 34.6%。

长江中下游 5 省（市）2015 年粮食播种面积 1455.6 万公顷，比上年增加 8.2 万公顷，增幅 0.6%；产量 8719.2 万吨，比上年增产 120.4 万吨，增幅 1.4%，该区域粮食产量占全国粮食总产的 14%。

华南 4 省（区）2015 年粮食播种面积 713.4 万公顷，比上年减少 3.2 万公顷，减幅 0.5%；产量 3728 万吨，比上年减少 17.3 万吨，减幅 0.5%，该区域粮食产量占全国粮食总产的 6%。

西南 5 省（区、市）2015 年粮食播种面积 1646.9 万公顷，比上年减少 6.4 万公顷，减幅 0.4%；产量 7754.7 万吨，比上年增产 138.1 万吨，增幅 1.8%，该区域粮食产量占全国粮食总产的 12.5%。

### （四）从产销区域看

主产区 13 省（区）2015 年粮食播种面积 8164.7 万公顷，比上年增加 56.7 万公顷，增幅 0.7%；产量 47341.3 万吨，比上年增产 1320.1 万吨，增幅 2.9%，该区域粮食产量占全国粮食总产的 76.2%。

主销区 7 省（市）2015 年粮食播种面积 596.9 万公顷，比上年减少 2.8 万公顷，减幅 0.5%；产量 3311.9 万吨，比上年减少 8.8 万吨，减幅 0.3%，该区域粮食产量占全国粮食总产的 5.3%。

产销平衡区 11 省（区、市）2015 年粮食播种面积 2572.7 万公顷，比上年增加 8.1 万公顷，增幅 0.3%；产量 11490.7 万吨，比上年增产 130.1 万吨，增幅 1.1%，该区域粮食产量占全国粮食总产的 18.5%。

# 四　主要粮食生产成本

## （一）2015 年粮食成本收益情况

据全国价格主管部门成本调查机构的调查显示，2015 年我国主要粮食品种平均与上年相比（下同）：单产下降，成本上升，价格下跌，收益减少。

单产下降。主要受北方干旱和南方部分产区降水偏多影响，2015 年我国粮食平均单产下降。三种粮食平均（稻谷、小麦和玉米，下同）亩产 467.4 公斤，减产 3.5 公斤，减幅 0.7%。其中，小麦和玉米亩产分别为 420.8 公斤和 488.8 公斤，分别减产 7.2 公斤和 11 公斤，减幅分别为 1.7% 和 2.2%；稻谷亩产 492.6 公斤，增产 7.6 公斤，增幅 1.6%。

成本上升。2015 年三种粮食平均每亩总成本和现金成本分别为 1090 元和 493 元，分别上升 21.4 元和 10.1 元，升幅分别为 2% 和 2.1%。总成本升速比上年下降 2.1 个百分点，连续第三年大幅放缓。主要成本项目变动情况：（1）由于种子价格上涨，用量略增，种子费增加，亩均 59.4 元，增加 1.6 元，增幅 2.8%；（2）由于化肥价格略降，化肥费略减，亩均 132 元，减少 0.4 元，减幅 0.3%；（3）由于机械化率提高，机械作业费增加，亩均 139.6 元，增加 5.5 元，增幅 4.1%；（4）劳动力价格上涨，但用工数量减少，人工成本总体上基本稳定，亩均 447.2 元，增加 0.4 元，增幅 0.1%；（5）由于土地价格上涨，土地成本增加，亩均 217.8 元，增加 13.9 元，增幅 6.8%。

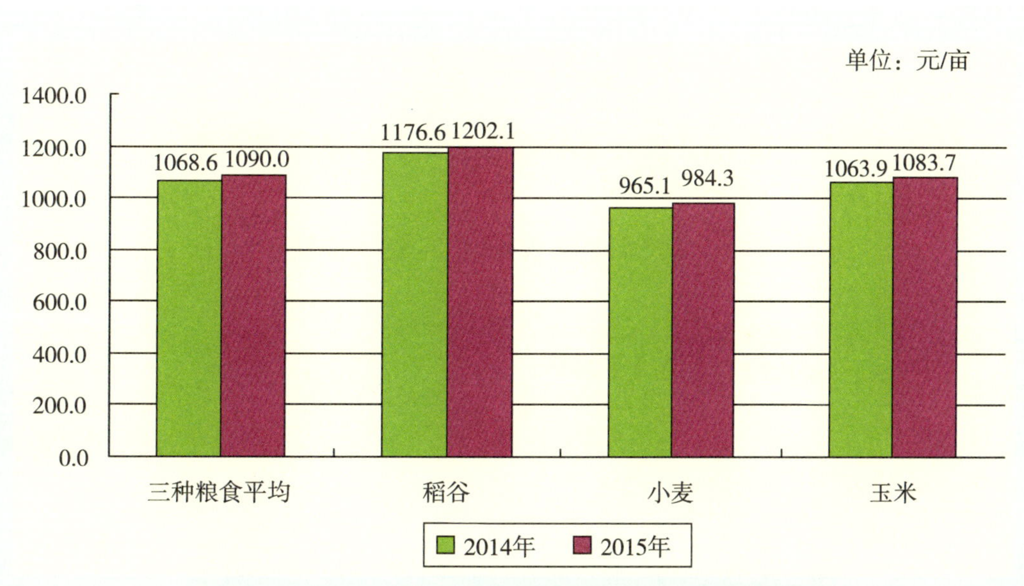


图 1-1　2015 年三种粮食每亩总成本变化图

价格下跌。受国内粮食供大于求、国际粮价持续低迷以及国家下调玉米临时收储价格等因素影响，2015 年粮食价格下跌。农民出售三种粮食平均价格每 50 公斤 116.3 元，下跌 8.1 元，跌幅 6.5%。其中，稻谷、小麦和玉米分别为 138 元、116.4 元和 94.2 元，分别下跌 2.6 元、4.2 元和 17.7 元，跌幅分别为 1.8%、3.5% 和 15.8%。

收益减少。2015 年三种粮食平均每亩净利润 19.6 元，减少 105.2 元，减幅 84.3%；每亩现金收益（不考虑家庭用工和自有土地机会成本）616.6 元，减少 93.8 元，减幅 13.2%。如果考虑国家对农业的补贴，每亩实际收益（现金收益加补贴收入）694.8 元，减少 98.3 元，减幅 12.4%。其中，稻谷、小麦和玉米亩均实际收益分别为 873.6 元、620.5 元和 590.3 元，分别减少 21.8 元、61.7 元和 211.6 元，减幅分别为 2.4%、9.0% 和 26.4%。

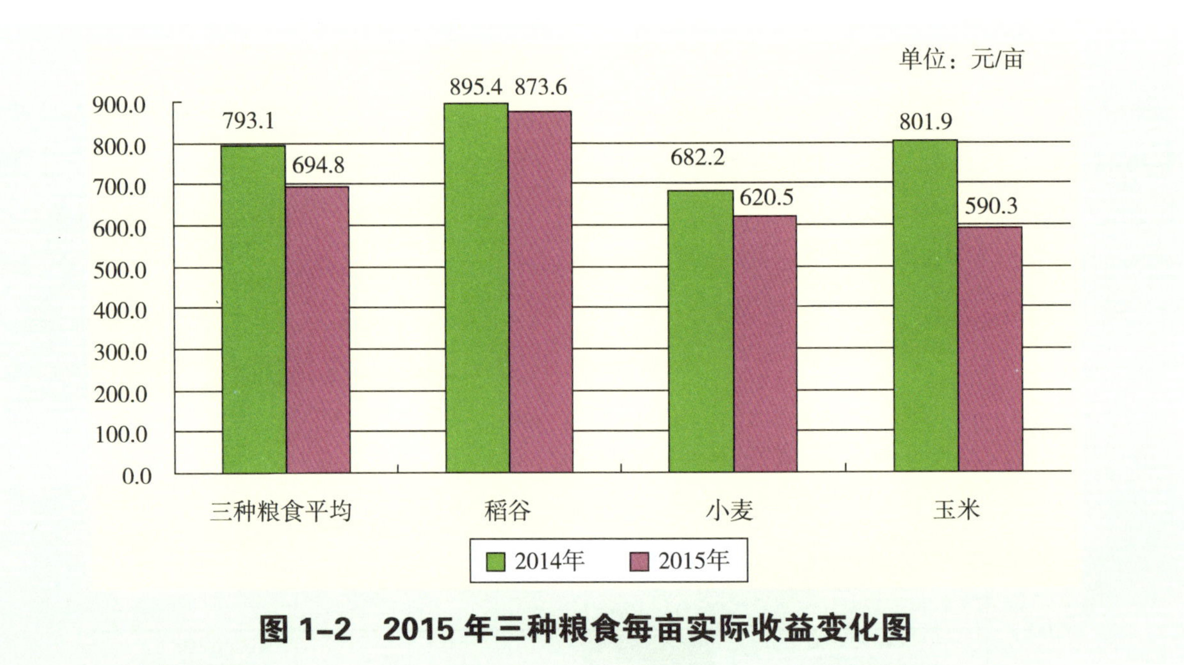


**图 1-2　2015 年三种粮食每亩实际收益变化图**

**表 1-1　2015 年粮食成本收益比较表（一）**

单位：元

| 品种 | 每亩总成本 | | 每亩净利润 | | 每 50 公斤总成本 | | 每 50 公斤平均出售价格 | |
|---|---|---|---|---|---|---|---|---|
| | 2014 年 | 2015 年 | 2014 年 | 2015 年 | 2014 年 | 2015 年 | 2014 年 | 2015 年 |
| 三种粮食平均 | 1068.6 | 1090.0 | 124.8 | 19.6 | 111.4 | 114.2 | 124.4 | 116.3 |
| 稻谷 | 1176.6 | 1202.1 | 204.8 | 175.4 | 119.8 | 120.5 | 140.6 | 138.0 |
| 早籼稻 | 1078.3 | 1097.4 | 57.7 | 49.8 | 127.3 | 128.5 | 134.1 | 134.4 |
| 中籼稻 | 1191.1 | 1215.4 | 197.3 | 227.2 | 114.0 | 109.6 | 132.9 | 130.1 |
| 晚籼稻 | 1102.5 | 1125.6 | 192.8 | 133.3 | 120.8 | 124.6 | 141.9 | 139.4 |

续 表

| 品种 | 每亩总成本 | | 每亩净利润 | | 每 50 公斤总成本 | | 每 50 公斤平均出售价格 | |
|---|---|---|---|---|---|---|---|---|
| | 2014 年 | 2015 年 | 2014 年 | 2015 年 | 2014 年 | 2015 年 | 2014 年 | 2015 年 |
| 粳稻 | 1334.3 | 1370.7 | 371.5 | 290.6 | 118.7 | 121.8 | 151.8 | 147.6 |
| 小麦 | 965.1 | 984.3 | 87.8 | 17.4 | 110.5 | 114.4 | 120.6 | 116.4 |
| 玉米 | 1063.9 | 1083.7 | 81.8 | -134.2 | 103.9 | 107.6 | 111.9 | 94.2 |

**表 1-2　2015 年粮食成本收益比较表（二）**

单位：元

| 品种 | 每亩现金成本 | | 每亩实际收益（含补贴收入） | | 每 50 公斤现金成本 | |
|---|---|---|---|---|---|---|
| | 2014 年 | 2015 年 | 2014 年 | 2015 年 | 2014 年 | 2015 年 |
| 三种粮食平均 | 482.9 | 493.0 | 793.1 | 694.8 | 50.3 | 51.7 |
| 稻谷 | 580.4 | 593.4 | 895.4 | 873.6 | 59.1 | 59.5 |
| 早籼稻 | 505.8 | 515.2 | 723.0 | 720.0 | 59.7 | 60.3 |
| 中籼稻 | 499.1 | 515.6 | 985.6 | 1019.3 | 47.8 | 46.5 |
| 晚籼稻 | 538.3 | 546.4 | 844.7 | 795.1 | 59.0 | 60.5 |
| 粳稻 | 778.3 | 796.2 | 1028.2 | 960.0 | 69.2 | 70.7 |
| 小麦 | 451.2 | 458.8 | 682.2 | 620.5 | 51.7 | 53.3 |
| 玉米 | 417.1 | 426.6 | 801.9 | 590.3 | 40.7 | 42.3 |

### （二）2015 年粮食和主要经济作物效益比较

2015 年我国粮、棉、油、烟等主要农产品生产成本均有所上升，但增速继续大幅放缓。由于价格和单产变化不同，主要农产品实际收益变化趋势也有所不同。其中，粮食、棉花、油菜籽效益下降，烤烟效益大幅上升。

从 2015 年亩均实际收益水平看，粮食低于烤烟，高于棉花和油菜籽。其中，粮食与烤烟的效益差距扩大；粮食相对棉花和油菜籽的优势缩小。2015 年粮食亩均实际收益 1362.9 元（按一年两季粮食作物计算，北方地区一亩小麦和一亩玉米的实际收益合计为 1210.8 元，南方地区一亩早籼稻和一亩晚籼稻实际收益合计为 1515.1 元，平均每亩粮食实际收益为 1362.9 元），比烤烟少 1413 元，差距比上年扩大 569.6 元；比棉花和油菜籽分别多 610.7 元和 920 元，优势比上年分别减少 59.5 元和 91.8 元。

从 2015 年比较效益看，粮食相对棉花和烤烟下降，相对油菜籽上升。三种粮食平均与棉花、烤烟的实际收益比（分别以棉花和烤烟为 1）分别从上年的 0.93、0.33 下降到 0.92、0.25；三种粮食平均与油菜籽的实际收益比（以油菜籽为 1）从上年的 1.54 上升到 1.57。

# 五 粮食生产能力建设

2015年是“十二五”收官之年，各地区、各部门认真贯彻落实党的十八大和十八届三中、四中、五中全会精神和习近平总书记系列重要讲话精神，主动适应和引领经济发展新常态，按照稳粮增收、提质增效、创新驱动的总要求，全面深化农村改革，推动“四化”同步发展，巩固和提高粮食生产能力，挖掘增产新潜力。全年粮食生产获得好收成，实现连续12年增产，农业生产能力和水平有了根本性提高，为宏观经济稳定作出了重要贡献。

## （一）加快高标准农田建设，夯实粮食生产基础

提高粮食生产能力，保障国家粮食安全始终是农业发展的根本任务。2015年，国家继续把农业特别是粮食生产能力建设作为重点支持领域，不断加大投入力度，加强高标准农田建设，改善粮食生产条件，增强粮食生产抗灾减灾能力。一是按照《全国新增1000亿斤粮食生产能力规划》的要求，安排中央预算内投资140亿元，用于800个产粮大县以小型农田水利为基础的田间工程建设，通过新建和完善灌排沟渠、桥涵闸等渠系建筑、集蓄水设施、机井维修配套、土地平整以及机耕道建设等，预计建成集中连片、旱涝保收的高产稳产粮田1160万亩。二是安排中央财政资金440多亿元，继续实施农业综合开发中低产田改造和土地整治，预计建成高标准基本农田8800万亩。三是安排中央预算内投资约90亿元，用于大型灌区续建配套与节水改造、新建大型灌区工程、大型灌排泵站更新改造等项目建设，保障农业灌排用水需要，改善灌排能力，提高农业用水效率，缓解水资源供需矛盾，转变农业发展方式。四是各地区、各部门不断加强工程建设管理，创新建管机制，一些地方出台相关政策探索建设资金整合试点，实现“多个渠道进水，一个池子蓄水，一个龙头出水”，共同推进高标准农田建设。部分地区开展了高标准农田上图入库工作，实行集中统一、动态监管。探索建后管护长效机制，将田间设施交由合作社、村民自治和种粮大户主体自建自管，确保长期发挥效益。吸引社会资本和市场主体参与高标准农田建设，拓宽投资渠道，妥善解决“最后一公里”问题。

初步统计，在各地区、有关部门的共同努力下，“十二五”期间国家安排投资累计建成高标准农田4亿多亩，完成了《全国高标准农田建设总体规划》确定的阶段性建设任务。工程进展总体顺利，成效明显，耕地产出能力、防灾减灾能力进一步增强，形成了一批田成方、渠相连、旱能灌、涝能排的粮食生产基地，项目区粮食平均产能提高10% ~ 20%，亩均粮食产量增加100公斤左右，提高了粮食生产水平，促进了农民增收，为实现粮食连年增产、确保谷物基本自给、口粮绝对安全奠定了坚实基础。

## （二）加强种业科研能力建设，推进现代种业发展

为充分发挥甘肃河西走廊玉米制种优势，加

快建设高标准玉米制种基地，改善制种条件，提高种子质量水平和监管检测能力，进一步提升我国玉米供种能力，保障玉米种植对种子发芽率、活力等质量水平提出的更高要求，2015 年，国家批复了甘肃玉米制种基地项目可行性研究报告。针对玉米制种田平整度差、水利设施不配套、监管能力弱等突出问题，通过实施土地平整、农田水利、田间道路和农田防护林建设等工程，集中连片改造制种田，配套建设种子监管和服务体系，提高玉米种子标准化、规模化生产水平和种子质量水平，提升玉米良种供应保障能力。同年，国家安排中央预算内投资 1 亿元，启动了玉米制种基地相关项目建设。此外，为发挥好海南独特的光热资源优势，国家批准建设海南南繁科研育种基地，通过搭建科研制种平台，改善科研实验、制种田和种子检测等设施条件，提升制种手段和能力，加速育种材料繁殖、纯化和筛选，提升农作物科研育种水平，促进现代农作物种业的发展。继续组织实施种子工程建设，完善作物品种改良中心、良种繁育基地、区域试验站等。继续开展粮食生产重大科技攻关、粮油高产创建、现代农业产业技术体系建设，加快优良品种和先进栽培技术的推广应用。在各方面共同努力下，2015 年全国粮食平均亩产达到 365.5 公斤，比上年增加 6.5 公斤，比“十一五”末提高 34 公斤，农业科技进步贡献率、农作物耕种综合机械化率分别达到 56% 和 61%，农田有效灌溉面积占比超过 52%，灌溉水有效利用系数达到 0.53。

# 第二部分

## 粮食市场供求与价格

# 一 粮食市场总体概述

2015年，国内粮食生产实现“十二连增”，粮食需求增速放缓，粮食高产量、高收购量和高库存量“三高叠加”。分品种看，玉米、稻谷供大于求，小麦供求基本平衡，而大豆产需缺口继续扩大。特别是玉米连续增产和消费需求持续下降同步出现，阶段性供应过剩特征明显。

国内粮食市场开放程度提高，进口粮食大量进入国内市场，从数量和价格两个方面对国内市场形成持续冲击。2015年，我国粮食进口总量再次超过1亿吨。国内粮价受托市收购价格支撑维持高位，国内外粮食价格严重倒挂，储备企业粮食严重滞销。

# 二 小麦市场供求与价格

## （一）小麦供给和需求状况

2015年，我国小麦产量增加，需求下降，小麦市场整体供求宽松。

### 1. 产量继续增加

2015年，我国小麦产量达到13019万吨，较上年增产398万吨，再创历史新高。其中冬小麦产量12435万吨，较上年增产426万吨；春小麦产量585万吨，较上年减产28万吨。2004年至今，我国已经实现了小麦产量“十二连增”。

### 2. 需求明显下降

2015年，我国小麦国内总需求为10977万吨，较上年下降943万吨，降幅为7.9%。其中，制粉消费量为9000万吨，占国内小麦总消费量的82.0%，较上年减少200万吨，减幅2.2%；饲用消费量为650万吨，占国内小麦消费量的5.9%，较上年减少650万吨，减幅50%。

## （二）市场价格走势及成因

2015年，国内小麦价格呈下跌趋势，主要是因为产量增加，需求下降，尽管托市收购量较大，但市场供需仍然基本平衡。

### 1. 上半年小麦价格稳中偏弱

2015年上半年，国内小麦价格稳中偏弱，由于面粉消费不旺，饲用消费减少，小麦需求整体略降，而小麦市场供应充裕，托市小麦成交量大，中央储备和地方储备轮换粮适时出库，进一步增加了市场供应，小麦价格稳中偏弱运行。

### 2. 6月份新麦上市后，小麦价格以稳为主

6月份新小麦上市后，主产区6省全部启动小麦最低收购价托市收购，托市收购总量达

到2078万吨，较上年略减少。市场主体预期较差，贸易商不愿存粮，面粉厂大量建立小麦库存的意愿较低。同期，玉米价格逐渐下跌，小麦饲用成本优势消失，饲用量明显减少。6～9月，小麦价格围绕托市收购价小幅波动。

### 3. 9月底小麦托市收购结束，价格持续平稳

9月底小麦托市收购结束后，小麦价格小幅波动，市场预期小麦价格难以上涨。10月中旬，国家有关部门公布2016年小麦最低收购价为2360元/吨（三等），与2015年持平。11月份，华北黄淮地区发生持续雾霾天气，农户售粮和小麦物流受到一定影响，小麦价格短暂小幅走高，但进入12月份小麦价格便回落至最低收购价水平上下。12月底，河北石家庄地区二等小麦进厂价2360元/吨，同比低260元/吨；河南郑州地区进厂价2380元/吨，同比低200元/吨；山东济南地区进厂价2380元/吨，同比低220元/吨。

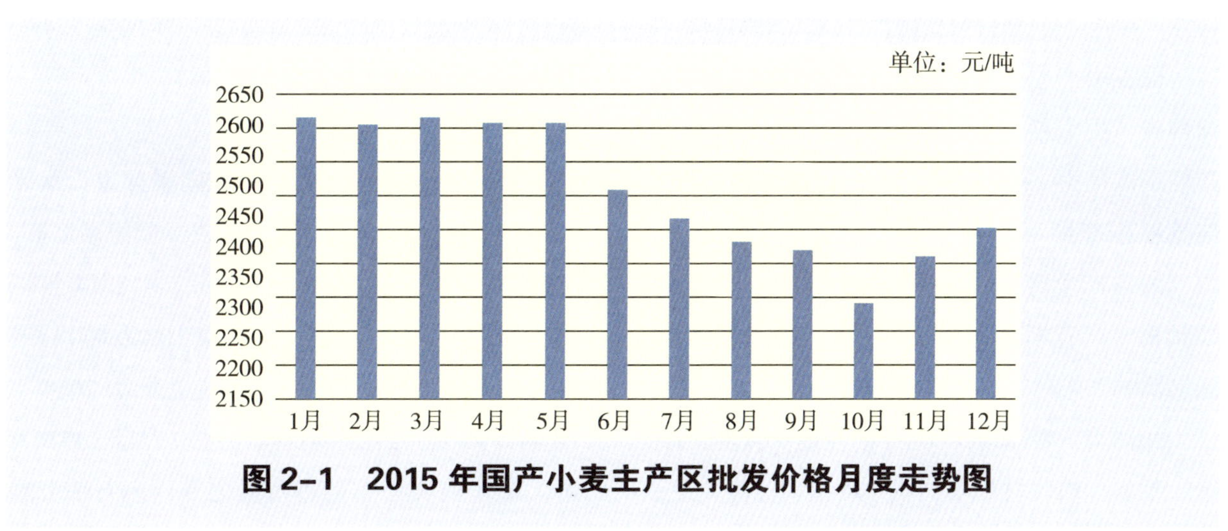


**图2-1 2015年国产小麦主产区批发价格月度走势图**

### 4. 9月份以后，在供求、政策、市场预期等多方面因素影响下，小麦价格逐步走低

9月份以后，新季玉米开始上市，价格下跌，小麦饲用成本优势消失。10月中旬，国家开始投放江苏省2014年产托市小麦，增加小麦市场供应。同时，国家有关部门公布2015年小麦最低收购价水平，与2014年持平，有效引导了市场预期。在供求、政策、市场预期等多方面因素影响下，小麦价格逐步走低。由于春节较常年推迟，小麦需求旺季的时间也较常年延后，进入12月份，小麦需求并不旺盛，小麦价格仍稳中偏弱。12月底，河北石家庄地区二等小麦进厂价为2620元/吨，同比低40元/吨；河南郑州地区进厂价为2580元/吨，同比低20元/吨；山东济南地区进厂价为2600元/吨，同比低40元/吨。

# 三 稻米市场供求与价格

## （一）稻谷供给和需求状况

### 1. 产量达创纪录的约 2.08 亿吨

2015 年，我国稻谷产量达到创纪录的 20822.5 万吨，比 2014 年增加 171.8 万吨，增幅 0.8%。2004 年以来，除 2013 年南方高温干旱导致稻谷减产以外，其余年份稻谷均增产。稻谷产量高于小麦，为我国第一大口粮作物。

稻谷增产主要是粳稻，尤其是黑龙江和江苏两省。国家粮油信息中心测算，2015 年黑龙江粳稻产量为 2318 万吨，比上年增加 67 万吨；江苏粳稻产量为 1946 万吨，比上年增加 34 万吨，两省产量增幅占全国增幅的 58%。南方中晚籼稻主产省湖北省和四川省的产量增幅占全国增幅的 38%。

2015 年，国家继续实行稻谷最低收购价政策，稻谷种植收益稳定，农户种植积极性较高。2015 年我国稻谷种植面积为 3021.6 万公顷，比上年减少 9.4 万公顷。由于良种覆盖率和耕作管理水平提高，稻谷平均单产达 6.891 吨/公顷，同比提高 1.1%。在全球主要稻米生产国中，我国稻谷单产水平位居前列，远高于印度、泰国及越南等东南亚主产国。

### 2. 消费趋势性下降，结余增加

随着经济社会的发展，居民肉蛋奶消费增加，食物多样化程度加深，同时爱粮节粮意识不断提高，我国稻谷总消费量趋势性下降。国家粮油信息中心测算，2015/16 年度国内稻谷总消费 18950 万吨，较上年度减少 178 万吨，减幅 0.9%。其中食用消费 16900 万吨，较上年度减少 20 万吨，减幅 0.1%；饲料消费 900 万吨，较上年度减少 120 万吨，减幅 11.8%；工业消费 1020 万吨，较上年度减少 40 万吨，减幅 3.8%。

稻谷产量达创纪录新高，消费趋势性下降，2015/16 年度我国稻谷结余量进一步增至 2244.5 万吨，较上年度增加 350.5 万吨。

### 3. 大米进口量创纪录

海关数据显示，2015 年我国累计进口大米 337.7 万吨，比 2014 年增加 3 成，创纪录新高。1980 年以来，除 1995 年和 2012 ~ 2014 年以外，其余年份大米进口量均在 100 万吨以内。2015 年我国出口大米 28.7 万吨，低于 2014 年的 41.9 万吨。2015 年我国净进口大米 309.0 万吨。除了海关公布的进口量之外，还有部分越南、巴基斯坦低价大米通过边民互市和非常规贸易渠道入境我国。

东南亚土地及人力资源成本低廉，稻谷生产存在成本优势；我国稻谷种植成本不断上升，稻米价格高位运行，导致大米进口持续增加。监测显示，2015 年底越南 5% 破碎率大米运达我国港口，完税价格为 2836 元 / 吨，南方销区市场早籼米批发价格为 3740 元 / 吨，国内外相近规格大米价差为 904 元 / 吨，2015 年价差高点为 1100 元 / 吨。

2012 年以前，我国进口大米主要是以泰国优质香米为主，满足我国中高端大米需求。

2012 年以后，由于东南亚大米价格开始低于我国南方籼米，进口结构开始转向越南中低端大米。2015 年，我国自越南进口大米 179 万吨，占进口总量的 54%；自泰国进口 93 万吨，占进口总量的 28%；自巴基斯坦进口 44 万吨，占进口总量的 13%。越南仍是我国大米进口第一大来源国。

## （二）稻米市场价格走势及成因

### 1. 稻米价格稳中略涨

在稻谷最低收购价水平保持高位及物价水平整体略涨的支撑下，2015 年我国稻米价格总体高于 2014 年水平，但受宏观经济增速缓慢、市场供需宽松及低价进口米影响，涨幅不大。2015 年早籼稻、中晚籼稻和粳稻的最低收购价分别为 2700 元 / 吨、2760 元 / 吨和 3100 元 / 吨，年内主产区全面启动托市收购，稻谷市场收购价格基本围绕托市价格波动。

截至 2015 年 12 月 31 日，黑龙江佳木斯地区普通圆粒粳稻收购价 3100 元 / 吨，与上年同期基本持平；圆粒粳米出厂价 4400 元 / 吨，较上年同期上涨 200 元 / 吨，涨幅 4.8%。江西南昌地区新季中晚籼稻收购价为 2720 元 / 吨，较上年同期下降 40 元 / 吨，降幅 1.4%（主要是因为中晚籼稻收获期间降雨，稻谷品质不佳）；新季中晚籼米出厂价 4080 元 / 吨，较上年同期上涨 50 元 / 吨，涨幅 1.2%。

### 2. 稻米市场走势的主要影响因素

（1）政策性收购与投放主导全年稻谷走向。2015 年，我国稻谷市场政策市十分明显，尤其是政策性收购基本主导了全年的价格走势。政策性收购展开以后，不仅提升了市场主体的收购信心，同时也奠定了市场底部价格，政策性收购期间稻谷价格基本在托市收购价上下波动。随着政策性稻谷收购的结束，国家随即展开了政策性稻谷销售的工作，竞价销售底价成为市场价格走势的风向标。

（2）低价进口大米增加，严重冲击国内市场。从数量上看，2015 年我国大米累计进口量为 337.7 万吨，同比增加 3 成。与此同时，走私大米进口数量依然保持较高的水平。从价格上看，2015 年越南大米到我国南方地区销售价比国内早籼米价格低 900 ~ 1100 元 / 吨，一方面直接挤占了部分国内早籼米市场份额，另一方面进口米作为配米使用，较大程度拉低了大米出厂成本，对中晚籼米市场也形成了一定冲击，导致国产大米需求持续低迷，消费量逐年下降。

（3）稻谷产量继续攀高，市场供需进一步宽松。2015 年，受比较效益较高支撑，我国农户稻谷种植积极性较高，稻谷播种面积平稳；气候条件总体正常，稻谷单产提高，总产量创纪录新高。由于稻谷主要作为口粮，随着饮食结构的调整，消费量逐年小幅下降。2015 年度初告结余约 2244.5 万吨，加上前几年累积库存，全年稻谷市场供需进一步宽松。

# 四 玉米市场供求与价格

## （一）玉米供求和需求状况

2015年，由于玉米种植效益大幅高于大豆，全国大豆种植面积继续下降，东北地区玉米种植面积攀升；华北黄淮地区棉花面积继续下降，部分棉花地改种玉米，玉米种植面积增加，玉米播种面积及产量均创历史最高水平。同时，国内玉米消费持续下滑，阶段性过剩特征明显。

### 1. 产量再创新高，进口居高不下

2015年，国内玉米种植面积继续增加，天气条件有利于作物生长，玉米产量大幅增加。

玉米生长期气候条件总体较好，仅局部地区出现因旱减产的现象。7月中旬开始，吉林省中西部部分县伏秋旱，影响玉米孕穗和灌浆，形成卡脖旱，受旱农田玉米果穗短细、秃尖缺粒、植株早衰，严重地块无棒，空秆率高，8月份持续干旱对玉米灌浆不利，造成玉米粒浅；6月下旬到7月中旬，辽宁省玉米拔节后期到灌浆前期夏旱持续1个月，玉米授粉成功率降低；6月下旬，鲁西北、鲁中、鲁南、山东半岛部分地区降水偏少80%以上，夏玉米难以播种，7月上中旬各地降水仍然偏少，气温偏高，旱情持续加剧，夏玉米发育期推迟、生长缓慢，潍坊以东春玉米减产。受阶段性、区域性干旱的影响，吉林、辽宁和山东等地区玉米单产增长幅度缩小。

玉米播种面积增加，主要原因是大豆、杂粮等作物播种面积减少。国家统计局数据显示，2015年玉米播种面积5.72亿亩（3811.9万公顷），同比增长2.7%；单产5.892吨/公顷，同比增加1.43%；产量22463.2万吨，较上年增加898.6万吨，同比增加4.2%，为历史最高产量。

由于国际玉米价格大幅低于国产玉米价格，进口玉米数量大幅增加。2015年进口各种用途玉米473.0万吨，较上年增加213.1万吨，增幅82%，为历史第三高进口水平。

### 2. 需求和出口连续三年下降

2015年，受经济增长速度放缓、居民肉类消费下降、畜禽生产能力下滑以及替代谷物进口大幅增加等多重因素影响，国内玉米消费呈现下滑态势。禽业养殖尚未完全恢复；生猪价格全年低迷，生猪存栏和能繁母猪存栏同比持续下降；高粱、大麦等进口激增，对玉米饲用消费替代明显，导致饲料玉米消费继续大幅下降。由于玉米价格整体下跌，部分玉米深加工行业扭亏为盈，加工企业开工率也有所提高，而且玉米价格下跌有利于扩大下游消费、产品出口和抑制替代谷物进口快速增长，促进玉米深加工消费略有增长。国家粮油信息中心测算，2015年国内玉米总消费量为17001万吨，较上年减少999万吨，同比减幅5.54%，为连续第3年消费下滑。其中饲料消费10000万吨，较上年下降1150万吨；工业用消费5050万吨，较上年增加150万吨。

由于国际玉米价格大幅低于国内玉米价格，我国玉米出口基本停滞。2015年玉米出口1.2万吨，较上年减少1万吨。

## （二）玉米市场价格走势及成因

2015年国内玉米价格整体呈现下跌行情。2014年秋，玉米丰收已成定局，产量再创历史新高，市场供应充裕，用粮企业及贸易企业入市收购积极性不高，玉米价格表现低迷，大量玉米滞留在农户手中。为切实保护农民利益和种粮积极性，国家在东北地区继续实行玉米临时收储政策。截至2015年4月30日，国家在东北三省一区累计收购临储玉米8362万吨，创临储收购新高，大大超过市场预期。3月份之后，随着临储收购进度加快，市场心态开始发生变化，部分用粮企业开始增加库存，贸易企业囤粮意愿明显，市场价格开始止跌反弹。7月份之后，新季玉米长势良好，丰收在望，加上市场预期国家将降低临储收购价格，整体市场价格呈现断崖式下跌行情。以山东潍坊为例，2015年10月中旬，当地深加工企业玉米挂牌收购价格为1680元/吨，较7月中旬下跌了720元/吨，跌幅达到30%。11月份新季玉米上市后，由于此前的价格暴跌超过农民预期，农户惜售心理较强，加之整个华北地区出现长时间的连阴雨天气，玉米价格开始止跌反弹，但整体上涨幅度有限。国内主产区玉米价格从上年度2100～2400元/吨回落到1700～2000元/吨。

### 1. 1～3月份玉米价格坚挺上涨

国家在2014年11月份启动东北地区国家临时储备玉米收购。到2015年3月下旬，收储量已经突破7000万吨，超过上年度全年收购量，当地玉米价格持续上涨。监测显示，3月底，黑龙江肇东地区加工企业挂牌收购价格为2210元/吨，较1月初上涨200元/吨左右；长春地区加工企业挂牌收购价格为2290元/吨，较1月初上涨150元/吨；大连港口二等烘干玉米平仓价格为2430元/吨，较1月初上涨130元/吨；石家庄和滨州地区加工企业二等玉米挂牌收购价格分别为2280元/吨和2330元/吨，较1月初上涨90元/吨和140元/吨；广东港口东北产二等玉米成交价2540元/吨，较1月初上涨140元/吨。

### 2. 4～6月份玉米价格弱势回调

由于临储收购量巨大，市场预期粮源减少。因此，贸易企业和用粮企业囤积大量库存，在临储收购结束后，贸易企业持续出货，加上南方销区大量进口玉米、高粱、大麦等低价粮源，国内玉米价格呈现低迷态势，多数地区价格小幅下跌。6月底，黑龙江肇东地区加工企业挂牌收购价格为2180元/吨，较3月底下跌30元/吨左右；吉林长春地区加工企业二等玉米到厂价格为2260元/吨，较3月底下跌30元/吨；大连港口二等烘干玉米平仓价格为2360元/吨，较3月底下跌70元/吨；石家庄加工企业二等玉米收购价格为2380元/吨，与3月底持平；山东滨州地区加工企业二等玉米收购价格为2340元/吨，与3月底持平；广东港口东北产二等玉米成交价2430元/吨，较3月底下跌110元/吨。

### 3. 7～9月份玉米价格大幅下跌

7～9月份，国内新季玉米长势良好，秋粮丰收在望。同时，国内玉米供大于求格局显著，市场普遍预期国家将下调临储收购价格。加上贸易企业前期囤积库存集中出库，导致国内玉米市场价格大幅下跌。9月底，黑龙江肇东地区加工企业到厂价格为2000元/吨，较6月底下跌180元/吨；吉林长春地区加工企业二等玉米到厂价格为2090元/吨，较6月底下跌 150 元 / 吨；大连港口二等烘干玉米平仓价格为 2080 元 / 吨，较 6 月底下跌 280 元 / 吨；河北石家庄地区加工企业二等玉米收购价格为 1900 元 / 吨，较 6 月底下跌 370 元 / 吨；山东滨州地区加工企业二等玉米收购价格为 1870 元 / 吨，较 6 月底下跌 470 元 / 吨；广东港口东北产二等玉米成交价 2400 元 / 吨，较 6 月底下跌 170 元 / 吨。

#### 4. 10 ~ 12 月份玉米价格季节性回落

10 月份，华北玉米大量上市，东北新玉米上市量也逐渐增加。尽管部分地区减产，但总产量再创新高，市场新季玉米供应充裕，玉米价格开始季节性回调。11 月 1 日，国家启动东北地区临时存储玉米收购，敞开收购农户余粮，收购底价较上年度持平，支撑东北产区玉米价格止跌反弹。华北地区出现连续阴雨天气，农户存在惜售心理，玉米收购价格也触底反弹。

2015 年底，黑龙江肇东地区加工企业挂牌收购价格为 1850 元 / 吨，较 9 月底下跌 130 元 / 吨左右，较上年年底下跌 160 元 / 吨；吉林长春地区加工企业二等玉米挂牌收购价格为 1920 元 / 吨，较 9 月底下跌 180 元 / 吨，较上年年底下跌 220 元 / 吨；大连港口二等烘干玉米平仓价格为 2110 元 / 吨，较 9 月底上涨 30 元 / 吨，较上年年底下跌 190 元 / 吨；河北石家庄地区加工企业二等玉米收购价格为 1760 元 / 吨，较 9 月底下跌 140 元 / 吨，较上年年底下跌 400 元 / 吨；山东滨州地区加工企业收购价格 1870 元 / 吨，较 9 月底下跌 30 元 / 吨，较上年年底下跌 320 元 / 吨；广东港口东北产二等烘干玉米成交价格为 2220 元 / 吨，较 9 月底下跌 180 元 / 吨，较上年年底下跌 290 元 / 吨。

## 五 杂粮市场供求情况

2015 年全国杂粮种植面积和总产量均有所减少，市场需求疲软，价格偏弱。国产杂粮受国外低价货源冲击，出口持续受到抑制，成交萎缩；多数贸易商转向内销市场，但市场需求不旺，往年市场畅销的芸豆、黑豆等也呈现价格偏弱的状态，只有马铃薯等少数品种在三季度新货上市前的断档期价格有较大的反弹。

### （一）供给情况

2015 年全国杂粮总供给量为 7382.7 万吨，同比减少 239.4 万吨，下降 3.14%；扣除薯类，2015 年全国杂粮总供给量为 3554.0 万吨，同比增加 1021.4 万吨，增幅达 40.33%。其中，国内杂粮总产量 5053.1 万吨，占全国粮食总产量的 8.13%；扣除薯类后，杂粮总产量为 1224.4 万吨，同比减少 71.8 万吨，下降 6.03%；进口 2329.6 万吨，同比增加 1093.2 万吨，增幅达 88.42%。

#### 1. 种植面积及产量

2015 年全国杂粮种植面积 1544.2 万公顷，同比减少 22.7 万公顷，下降 1.45%。芸豆、高梁、大麦和绿豆等几个品种的种植面积减少较多；荞麦、糜子、红小豆、薏仁米的种植面积都有较大增长，增幅都超过了10%；其余品种的种植面积变化不大。马铃薯种植615万公顷，同比减少2.9万公顷；甘薯259.3万公顷，同比减少2.4万公顷；荞麦59.9万公顷，同比增加12.6万公顷，增长26.64%；燕麦67.1万公顷；大麦43.6万公顷，同比减少1.5万公顷，下降3.33%；谷子181.5万公顷，同比增加13.9万公顷，增长8.29%；糜子68.3万公顷，同比增加11.4万公顷，增长20.04%；高粱63.1万公顷，同比减少6.0万公顷，下降8.68%；薏仁米3.5万公顷，同比增加0.4万公顷，增长12.90%；芸豆59.2万公顷，同比减少9.1万公顷，下降13.32%；绿豆50.9万公顷，同比减少2.8万公顷，下降5.21%；红小豆20.8万公顷，同比增加3.3万公顷，增长18.86%；豌豆42.1万亩，增加1.3万亩，增加3.19%。黑豆、兵豆、豇豆、蚕豆、籽粒苋、苏子、黍子等种植面积同比增减变化不大，但总体呈下降趋势。

除了薯类，大部分杂粮主产区因2015年春季种植和夏季生长期干旱等原因单产下降。2015年国内杂粮总产量5053.1万吨，同比减少1332.6万吨（主要是马铃薯的折算方式不同导致的，实际变化不大），杂粮总产量占全国粮食总产量的8.13%。扣除薯类，2015年全国杂粮产量1224.4万吨，同比减少71.8万吨，下降5.54%。产量增加的品种主要有甘薯和谷子、糜子、芸豆等，增幅较大的品种主要有糜子、谷子、薏仁米和豌豆等；产量减少的品种主要有高粱、荞麦、大麦和芸豆、绿豆、红小豆等，减幅较大主要是荞麦、燕麦、红小豆和芸豆等。马铃薯产量2155.3万吨，减少1321.6万吨，减产38.0%；甘薯1673.4万吨，同比增加60.8万吨，增长3.77%；荞麦49.3万吨，减少17.8万吨，下降26.53%；燕麦63.2万吨，减少21.8万吨，下降了25.65%；大麦134.9万吨，减少7万吨，下降4.93%；薏仁米10.9万吨，增加1.4万吨，增长14.74%；谷子252.1万吨，增加27.4万吨，增长12.19%；糜子145.3万吨，增加24.4万吨，增长20.18%；高粱251.3万吨，减少22.8万吨，下降8.32%；芸豆98.1万吨，同比减少20.5万吨，下降17.28%；绿豆61.2万吨，减少4.7万吨，下降7.13%；红小豆21.9万吨，减少6.7万吨，下降23.43%；豌豆48.9万吨，增加5.2万吨，增长11.90%。黑豆、豇豆、蚕豆等品种的产量有增有减，总体上减产多、增产少。

2. 进口

2015年我国杂粮进口数量继续大幅上升，扣除木薯，全年进口量达到创历史纪录的2329.6万吨，同比大幅增加1093.2万吨，增幅达88.42%，主要集中在大麦、高粱、豌豆和燕麦等几大品种上。高粱是2014年杂粮的进口冠军，大麦则由多年的进口冠军而退居第二。2015年大麦进口量暴增至1073.2万吨，增加531.9万吨，增幅达98.26%，重夺杂粮进口之冠。高粱进口则由冠军之位退居亚军，但全年进口仍然达到创纪录的1069万吨，同比增加491.4万吨，增幅达85.08%。豌豆全年进口90.3万吨，同比增加11.8万吨，增长15.03%；燕麦进口也创历史纪录，全年进口27.9万吨，同比增加2.9万吨，增长11.6%。其余进口品种总量有增有减，以增加为多。

### （二）需求情况

2015 年全国大品种杂粮如高粱、大麦等因饲用需求持续旺盛，小品种杂粮需求总体波动不大，相对上年有所萎缩。2015 年杂粮总需求量刷新历史纪录，达到 7547.5 万吨，同比增加 340.8 万吨，增长 4.73%。其中国内消费 7396.3 万吨，同比增加 383.4 万吨，增长 5.47%；出口 151.2 万吨，同比减少 42.6 万吨，下降 21.98%。

1. 国内消费

2015 年国内杂粮消费量继续大幅增加，达到了 7396.3 万吨，同比增加 383.4 万吨，增长 5.47%。从用途分类来看，直接食用 1432.9 万吨，减少 35.6 万吨，下降 2.42%；工业用粮 3620.8 万吨，同比减少 329.6 万吨，下降 8.34%，其中食品工业用粮 2168.96 万吨，同比增加 40.3 万吨，增长 1.89%；饲料用粮 2169.3 万吨，同比大幅增加 1150.7 万吨，增长 113.64%；其他用粮 173.3 万吨，同比减少 408.1 万吨，下降 70.19%。从品种分类来看，主要是薯类、谷物类的高粱、大麦、谷子、糜子和豆类的豌豆消费量都超过百万吨。2015 年马铃薯消费 2169.3 万吨；甘薯消费 1692.8 万吨，同比增加 223.2 万吨，增长 15.19%。谷物类总消费量大幅增长，其中高粱消费 1265.1 万吨，同比大幅增加 461.2 万吨，增长 57.37%；大麦消费 1231.5 万吨，同比增加 555.7 万吨，增长 82.23%；荞麦消费 34.9 万吨，同比增加 3.4 万吨，增长 10.79%；燕麦消费 86.4 万吨，同比增加 70 万吨，增长 4.27 倍；谷子消费 236.7 万吨，增加 35.4 万吨，增长 17.59%；糜子消费 141.2 万吨，增加 16.6 万吨，增长 13.32%；而薏仁米消费 6.9 万吨，同比减少 0.7 万吨，下降 9.21%；其他小品种如黍子、芝麻等消费量变化不大，但总体减少。豆类消费总量略有增长，主要是豌豆消费 135.8 万吨，增加 16 万吨，增长 13.36%；芸豆消费 66.2 万吨，同比增加 7.3 万吨，增长 12.39%；而红小豆消费 17.1 万吨，同比减少 0.5 万吨，下降 2.84%；绿豆消费 54.1 万吨，同比减少 29.8 万吨，下降 35.52%；其余黑豆和豇豆、蚕豆、兵豆等消费变化不大。

2. 出口

受国际市场疲软的影响，2015 年我国杂粮出口的国家和地区与 2014 年相比较变化不大，出口产品仍保持 15 大类 30 多个品种，出口总量为 151.2 万吨，同比减少 42.6 万吨，下降 21.98%；创汇 12.02 亿美元，同比减少 3.87 亿美元，下降 24.35%。2015 年，我国第一大杂粮产品需求不振、价格下降影响，总体需求不旺，总供给量增加，总消费量及总体价格均呈现下降趋势，高粱和大麦市场因中国在饲料中替代玉米的需求而极为活跃。

国内市场。2015 年国内杂粮市场因品种不同而行情迥异。由于国家在东北地区实行玉米临时收储政策而价格远高于国际市场，致使沿海一些饲料企业普遍把进口高粱和大麦作为玉米的替代品，两者全年进口量达到了创纪录的 2139 万吨，消费量也刷新了历史纪录，但受巨量进口的冲击，价格一直处于低位徘徊。谷子和糜子消费持续增加，分别增加了 35.4 万吨和 16.6 万吨。红小豆因国内产地气候干旱等因素，虽然种植面积有所增加，但产量受到抑制，行情也一直处于高位运行。绿豆虽然种植面积和总产量双双下降，但价格因与进口绿豆相比仍然高出很多，因此，国产绿豆一直在低位盘整，未能有效攀升。

芸豆种植成本上升，但国内消费并未下降，出口量受价格下降影响而较大幅度减少。豌豆消费则持续增加。谷子供应继续增加，受整体经济形势的影响，价格先扬后抑，震荡走低。荞麦种植面积增加，但受气候影响，产量和出口双双下降，国内消费增加；燕麦产量和需求也持续增加，价格全年处于高位。马铃薯种植面积和产量都有所下降，但价格从三季度开始有所反弹，且幅度不小。

受国家玉米“去库存”政策的影响，“镰刀弯”地区（东北、华北、西北玉米种植区域）将调减1000万亩玉米。粮豆轮作，鼓励发展粮改饲等，适度压减玉米种植面积，是优化种植结构，释放库存压力，缓解国内外价格倒挂等问题比较可行的办法。同时，杂粮产业有可能迎来一个较为快速的发展期。但考虑到消费者对杂粮接受程度与在日常饮食中的消费比例，建议从饮食结构、健康与保健等方面，对杂粮消费多加宣传。

# 六 食用油市场供求与价格

## （一）食用油脂油料供求形势分析

2015年我国油籽油料总产量小幅增加，但难以弥补产不足需的缺口，国内油脂供应主要还是依靠进口来保障，全年油脂新增供应中有69.1%来自进口。2015年我国植物油消费需求继续增加，但消费增速有所放缓。由于大豆和油菜籽进口量以及国内油料压榨量大幅增加，当年植物油供应继续保持充裕局面。

### 1. 油料和油籽总产量继续下降

2015年我国油料（不包含棉籽和大豆）总产量3547万吨，比上年增长1.1%。其中，油菜籽产量1493万吨，比上年增长1.1%；花生产量1644万吨，比上年下降0.2%。

国家实行大豆目标价格改革之后，大豆价格由市场决定，价格大幅走低，农户对目标价格补贴政策了解不够深入，导致大豆播种面积再度下滑，尽管单产好于上年，但总产量只有1185万吨，比上年减少3%。由于棉花播种面积和产量持续下降，2015年我国棉籽总产量再度下降，仅为1007万吨，比上年下降9.4%。2015年我国油籽总产量（油料加上大豆和棉籽）为5739万吨，比上年下降93万吨，降幅为1.6%。扣除油籽种子、食用和出口，2015年国产油籽折油总产量在1155万吨左右（包括玉米油、米糠油等其他非油籽作物产油）。

### 2. 食用植物油进口量和进口油籽折油量均大幅增加

2015年我国进口食用植物油及进口油籽折油总量在2580万吨及2350万吨左右，比上年增加230万吨。进口食用植物油数量和进口油籽折油数量均大幅增加。

2015年我国进口食用植物油（包含棕榈油硬脂）839.1万吨，比上年增长6.6%。其中，进口棕榈油590.9万吨，比上年增加58.5万吨，增幅 11.0%；进口豆油 81.8 万吨，比上年减少 31.7 万吨，减幅 27.9%；进口菜籽油 81.5 万吨，比上年增加 0.5 万吨，增幅 0.6%；进口葵花油和红花油 65.1 万吨，比上年增加 19.6 万吨，增幅 43.1%。

2015 年我国共进口食用油籽（含大豆和棉籽）8757.1 万吨，比上年增长 13.0%，连续第四年超过国内油籽总产量。进口食用油籽折油量在 1743 万吨左右，比上年增长 11.5%。其中，进口大豆 8169.4 万吨，比上年增加 1029.5 万吨，增幅 14.4%；进口油菜籽 447.1 万吨，比上年减少 61 万吨，减幅 12.0%；进口其他食用油籽 140.6 万吨，比上年增加 36.8 万吨，增幅 36.8%，主要是芝麻进口量保持大幅增加。

### 3. 油脂油料消费需求持续增加

2015 年我国油脂食用消费量 3000 万吨，比上年增加 100 万吨，增幅 3.4%。其中豆油消费量为 1260 万吨，比上年增加 60 万吨，增幅为 5%，占油脂食用消费量总增幅的六成。菜油食用消费量为 630 万吨，比上年增加 50 万吨，增幅为 8.6%。棕榈油食用消费量为 440 万吨，比上年减少 30 万吨，降幅为 6.4%，成为减幅最大的品种，主要因棕榈油与豆油价差大幅缩小，豆油替代棕榈油消费增加。棉油食用消费量为 130 万吨，比上年减少 10 万吨，减幅为 8.3%。

由于国内油料压榨能力不断增加，植物油和蛋白粕消费需求继续增长，带动油籽油料进口量和压榨量大幅增加。尽管油脂消费持续增长，但油脂供应大于需求，当年油脂供应结余 110 万吨左右。

### 4. 国内油脂油料价格走势及成因

2015 年国内油脂油料价格整体保持低位震荡走势，全年价格走势可分为 3 个阶段。

第一阶段（1 月初到 4 月中旬）：受全球大豆丰产，国际市场大豆价格不断走低，而国内消费需求持续低迷的影响，国内油脂价格不断走低。监测显示，4 月中旬，华东地区一级豆油报价 5600 ~ 5700 元 / 吨，较年初下滑 100 ~ 150 元 / 吨；华东地区 24 度棕榈油价格在 4880 ~ 4900 元 / 吨，较年初下跌 100 ~ 150 元 / 吨；长江流域四级菜油价格在 6200 ~ 6250 元 / 吨，较年初下跌 50 ~ 100 元 / 吨。

第二阶段（4 月中旬到 5 月中旬）：由于市场普遍看空油脂价格走势，进口棕榈油价格倒挂严重，1 ~ 4 月我国食用植物油进口量同比减少 37.3%，导致国内油脂库存大幅下滑，加上东南亚干旱天气的炒作，推动油脂价格快速反弹。5 月中旬三大油脂普遍较 4 月中旬上涨 150 ~ 250 元 / 吨，华东地区一级豆油价格为 6000 ~ 6100 元 / 吨，华南地区 24 度棕榈油价格为 5150 ~ 5200 元 / 吨，长江流域四级菜油价格为 6300 ~ 6400 元 / 吨。

第三阶段（6 月中旬到 12 月底）：美国大豆生长期天气状况良好，单产预估不断上调，全球大豆丰产格局不断明朗，同时厄尔尼诺对东南亚棕榈油产量的影响迟迟没有兑现，而原油价格持续下跌影响生物柴油对油脂的需求，油脂价格整体保持低位震荡格局。监测显示，年底华东地区一级豆油价格为 6000 ~ 6050 元 / 吨，与 5 月中旬基本持平，华东地区 24 度棕榈油价格为 4450 ~ 4500 元 / 吨，较 5 月中旬下跌 600 ~ 700 元 / 吨，主要原因是产量持续增加，而需求减少，主产国库存升至历史高位。长江流域四级菜油报价 6200 ~ 6250 元 / 吨，较 5

月中旬降低 100 ~ 150 元 / 吨。

### 5. 油脂油料市场主要调控政策

2015 年国家取消了油菜籽临时存储收购政策，同时给予部分种植大省补贴，各省根据自身情况发放补贴。油菜籽完全市场化定价，导致菜籽价格大幅下跌，上年油菜籽集中上市期菜籽收购价格在 1.7 ~ 1.8 元 / 斤，远低于上年的 2.55 元 / 斤。尽管农户种植受益收到一定影响，但取消临储政策后，完善了油菜籽价格形成机制，理顺了中央和地方的关系，促进了粮食安全省长责任制的落实，减轻了财政负担，有利于促进油菜籽产业健康发展。

2015 年国家继续在东北和内蒙古地区实行大豆目标价格补贴试点，国标三等大豆目标价格为 4800 元 / 吨，与上年持平。由于上年的大豆补贴发放较晚，农户对政策理解有偏差，加上种植收益不及玉米，导致大豆播种面积再度减少。

为满足油脂市场供应，2015 年国家粮油交易协调中心分两阶段公开竞价销售国家临时存储菜籽油，其中 1 ~ 6 月份拍卖成交 14.18 万吨，12 月拍卖成交 8.35 万吨，全年累计成交临储菜油 22.53 万吨。

## （二）2015 年大豆供求情况

### 1. 大豆供给和需求状况

2015 年我国大豆产量为 1178.5 万吨，为 1993 年以来的最低。但大豆进口旺盛，并刷新历史纪录，全年大豆供给总体充足。

（1）产量下降，进口量显著增加。2015 年我国大豆产量 1178.5 万吨，同比减少 36.9 万吨，减幅为 3.0%。大豆种植效益较低，农民种植意愿较弱，种植面积处于 30 年来的低位。国产大豆产量的减少导致大豆产需缺口扩大，进口大豆动力有增无减。2015 年我国共进口大豆 8169 万吨，同比增加 1029 万吨，增幅 14.4%，再次刷新历史纪录。大豆进口猛增弥补了国产大豆产量的不足，2015 年我国大豆新增供给总量为 9329 万吨，同比增加 974 万吨，增幅 11.7%，达到历史新高。

（2）消费量继续增长，出口量减少。2015 年国内大豆消费增长主要受以下因素拉动，一是进口大豆成本持续下降，与国产大豆相比更加具备价格优势，对国产大豆形成进一步的替代；二是豆粕价格全年保持在低位，刺激饲料企业改进配方，增加豆粕在饲料中的数量，对其他蛋白粕及饲料原料形成替代；三是膨化大豆在饲料中的应用继续呈上升趋势，进口大豆经膨化后在饲料的消费量进一步增长。2015 年国内大豆榨油消费量 7600 万吨，同比增加 700 万吨，增幅 10.1%。其中进口大豆榨油消费量 7400 万吨，同比增加 750 万吨，增幅 11.3%；国产大豆榨油消费量 200 万吨，同比减少 50 万吨，降幅 20%。国产大豆榨油消费下降的主要原因是价格高于进口大豆，榨油亏损较大，进口替代国产效应进一步扩大。大豆食用及工业消费继续增长。全年我国大豆食用及工业消费量 1130 万吨，同比增加 50 万吨，增幅 4.6%。制作饲料膨化大豆消费量 320 万吨，同比增加 120 万吨，增幅 60%。受大豆种植面积减少影响，2015 年我国大豆种用消费下降到 45 万吨，同比减少 3 万吨，降幅 6.3%。2015 年我国大豆出口量为 13.4 万吨，同比减少 7.3 万吨，降幅 35.3%。全年大豆需求总量 9108 万吨，同比增加859万吨，增幅10.4%。

2. 大豆市场价格走势及成因

2015年国内大豆价格大趋势总体走低，国际市场充足的供给对大豆价格形成抑制。2015年我国大豆价格走势可分三个阶段。

第一阶段是1月初～6月中旬，我国大豆价格总体呈单边下行走势。在这一阶段，南美大豆获得丰收，其中巴西大豆产量达到9720万吨，阿根廷产量达到6140万吨，双双刷新历史纪录。1～6月份，我国大豆进口温和增长，累计进口大豆3515万吨，同比增加2.8%。据监测，6月中旬，哈尔滨地区油厂大豆收购价格3400元/吨，比年初下降460元/吨，降幅11.9%；青岛港进口大豆分销价格为2900元/吨，比年初价格下降420元/吨，降幅12.7%；6月中旬订货的进口大豆完税成本为2920元/吨，比年初下降380元/吨，降幅11.5%。在这一阶段，国产大豆与进口大豆价格联动性较强。

第二阶段是6月中旬～8月中旬，我国大豆价格呈现明显波动态势。在这一阶段，美国大豆播种进度一度降至1996年来的最慢，且大豆苗情优良率下降，天气炒作升温。但随后，美国大豆产区天气总体较好，市场炒作天气迅速降温，造成进口大豆价格的快速波动。据监测，在此阶段，进口大豆到港完税成本在由6月中旬的2900元/吨涨至7月上旬的3250元/吨后，又下降至8月中旬的2930元/吨。青岛港进口大豆分销价格波动幅度较小，波动区间为2920元/吨至3050元/吨。国产大豆价格走势强于进口大豆，主要原因是相关部门严查进口转基因大豆流向，严禁转基因大豆进入国内大豆食品市场及豆制品厂，对国产大豆价格形成支撑。国产大豆价格由6月中旬的3400元/吨上涨至8月中旬的3900元/吨，涨幅14.7%。

第三阶段是8月中旬～12月底，我国大豆价格呈下降走势。在此期间，美国大豆获得丰收，产量达到创纪录的1.07亿吨，压制大豆价格下降。据监测，12月底哈尔滨地区油厂大豆收购价格3420元/吨，比8月中旬下降480元/吨，降幅12.3%；青岛港进口大豆分销价格为2980元/吨，比8月中旬下降70元/吨，降幅2.3%；12月底订货的进口大豆完税成本为2890元/吨，比8月中旬下降40元/吨，降幅1.4%。

注：文中引用的2015年产量、需求及现货价格数据来自国家粮油信息中心，进口数据来自海关总署。

# 第三部分

## 粮食质量与安全

# 一 总体状况

2015 年，国家粮食局继续在全国 19 个省份开展国家级新收获粮食质量调查工作，采集检测样品 8450 余份（其中：小麦 1969 份、早籼稻 605 份、中晚籼稻 1886 份、粳稻 875 份、玉米 2685 份、大豆 230 份、油菜籽 200 份）。按照粮食的收获季节，完成油菜籽、小麦、早籼稻、中晚籼稻、粳稻、大豆、玉米主产区的质量集中会检工作，基本掌握了当年新收获粮食质量总体情况，并及时反馈和发布粮食质量和品质信息，为完善粮食收购政策，做好粮食收购工作提供了重要依据。

# 二 主要粮食品种收获质量

## （一）早籼稻

安徽、江西、湖北、湖南、广东、广西 6 省（区）共采集检验早籼稻样品 605 份，样品覆盖 62 市 193 县，全部为农户样品。

全部样品检测结果为：出糙率平均值 78.5%，一等至五等的比例分别为 45.4%、35.7%、14.9%、2.6%、1.2%，等外品为 0.2%，中等以上（含）占 96.0%，一等品较上年提高 4 个百分点。整精米率平均值为 59.0%，较上年提高 7.7 个百分点，其中达到中等以上（含）要求（44%）的占 94.0%，达到一等要求（50%）的占 87.9%，较上年提高 27.9 个百分点。不完善粒含量平均值 3.7%，为近年最低。谷外糙米含量平均值 0.4%，超标（大于 2.0%）比例 1.3%。

调查结果表明：2015 年 6 省（区）早籼稻整体质量较好。江西、湖南、广东、广西 4 省（区）中等以上（含）比例为近年来最好水平；安徽、湖北 2 省中等以上（含）比例较上年分别下降 7 个和 3 个百分点。

## （二）中晚籼稻

安徽、江西、河南、湖北、湖南、广东、广西、四川 8 省（区）共采集样品 1886 份，样品覆盖 97 市 378 个县（区）。

会检结果表明 :8 省（区）中晚籼稻总体质量较好，中等以上比例达到 96% 以上。其中，安徽、江西、河南、广东、广西 5 省（区）的出糙率、整精米率均好于往年；湖北、湖南、四川 3 省的整体质量与正常年景相当。

8 省份全部样品检测结果为：出糙率平均值为 78.5%，一等至五等的比例分别为 45.0%、39.3%、12.3%、1.7%、1.2%，等外品为 0.5%，中等以上的（出糙率在75%以上）占96.4%，好于正常年景。整精米率平均值60.8%，其中不低于50%（一等）的比例为90.5%，不低于44%（三等）的比例为96.7%，均属正常水平。谷外糙米含量平均值0.3%，超标（大于2.0%）比例1.7%。

## （三）粳稻

辽宁、吉林、黑龙江、江苏、安徽5省共采集检验样品969份，样品覆盖48市134个县和农垦总局的6个分局。

会检结果表明：5省粳稻总体质量正常，出糙率和整精米率与正常年景相当，一等品比例较上年有所下降。其中，吉林、黑龙江、江苏、安徽4省一等品比例较上年下降9～21个百分点，辽宁一等品比例较上年增加8个百分点。

5省全部样品检测结果为：出糙率平均值81.2%，一等至五等的比例分别为66.4%、24.0%、6.1%、2.3%、0.5%，等外品为0.7%，中等以上占96.5%。整精米率平均值67.5%，不低于61%（一等）的比例为72.7%，不低于55%（三等）的比例为97.4%。5省谷外糙米含量均明显降低，平均值为0.7%，超标比例5.2%；江苏省谷外糙米仍处偏高水平，超标比例达到12.3%。

## （四）小麦

河北、山西、江苏、安徽、河南、山东、湖北、四川、陕西9个夏收小麦主产省共采集小麦样品1969份，样品覆盖91个市的412个主产县（区）。

从检验结果看，2015年夏收小麦总体质量较好，但安徽等南部省份的部分地区小麦因收获期遇连续阴雨，造成小麦生芽粒、赤霉病粒和生霉粒增多，导致不完善粒含量较高。小麦生芽粒增多，对小麦加工品质造成一定不利影响；赤霉病粒和生霉粒增多，易产生真菌毒素，存在食品安全隐患。

9省全部样品检验结果为：容重变幅680～844 g/L，平均值789 g/L，一等至五等的比例分别为49.6%、31.8%、13.6%、3.2%、1.5%，等外品占0.3%，中等（三等）以上的占95.0%。千粒重变幅26.5～61.6g，平均值42.1g。硬度指数变幅36.1～81.0，平均值63.8。不完善粒含量平均值5.5%，符合国标要求（≤10%）的比例为88.5%。降落数值（降落数值越小，表示发芽越严重；国家标准要求不低于300秒）变幅62～491秒，平均值348秒。

## （五）玉米

河北、山西、内蒙古、辽宁、吉林、黑龙江、山东、河南、陕西9省（区），共采集检验样品2685份，样品覆盖104市的486个县和农垦总局的8个分局。

9省份玉米总体质量正常，其中一等品比例较上年略有下降，中等以上比例与正常年景相当，不完善粒含量与正常年相当；生霉粒含量较上年有所下降。其中，河北、山西、辽宁3省整体质量较好，不完善粒含量较低；吉林、黑龙江、山东、陕西4省整体质量与正常年景相当；内蒙古、河南2省整体质量低于正常年景水平，容重有所降低，且河南不完善粒含量为近年来较高水平。

9省份全部样品检测结果为：容重平均值727g/L，较上年降低近2 g/L；一等至五等的比例分别为63.3%、28.7%、7.3%、0.6%、0.1%，无等外品，中等以上比例为99.3%。不完善粒含量平均值3.4%，符合中等要求（不超过8.0%）的比例为91.5%；生霉粒含量平均值1.2%，超标比例为9.8%，为近年来最低水平。

### （六）大豆

吉林、黑龙江两省共采集大豆样品230份，涉及2省16个市（州）的51个主产县（市、区）和农垦总局的8个分局，整体质量较好。

吉林损伤粒率平均值较上年略有增加。完整粒率平均值91.2%，较正常年景提高约1个百分点，变幅71.0% ~ 98.6%，一等至四等的比例分别为26.6%、30.0%、33.4%、6.6%，无五等品，等外品3.4%，其中一等品、二等品比例较正常年景有所下降，中等以上的占90.0%。损伤粒率平均值7.6%，变幅0.5% ~ 25.3%，符合等内品要求的比例为56.7%，较上年明显下降。

黑龙江整体质量为近年来较好水平，等级比例较高。完整粒率平均值89.3%，高于正常年景，变幅50.2% ~ 99.3%，一等至五等的比例分别为19.5%、31.0%、29.5%、14.0%、3.0%，等外品为3.0%，中等以上的占80.0%。损伤粒率平均值7.8%，变幅0.2% ~ 39.8%，其中符合等内品要求的比例为57.0%，属于正常水平。

### （七）油菜籽

江苏、安徽、江西、河南、湖北、湖南、四川7个油菜籽主产省份，在油菜籽收获后的第一时间采集油菜籽样品200份，样品覆盖44市的93个主产县。从会检数据看，2015年各省油菜籽含油量均为近年来最好，较上年略有提高，全部样品均在四等以上，中等（三等）以上比例较上年略有降低，其中一等品比例接近三成。

7省全部样品检测结果为：含油量平均值40.6%，较往年提高2个百分点左右，较上年略有提高，变幅36.0% ~ 47.5%。一等至四等的比例分别为29.5%、30.0%、26.0%、14.5%；中等以上的占85.5%，较上年降低约0.5个百分点。脂肪酸组成检测结果表明，全部样品中芥酸含量不超过3.0%比例为31.5%。

## 三 优质和专用粮食品种质量

2015年，14个省（区、市）粮食行政管理部门组织开展了品质测报工作，共采集样品8000余份，扦样范围累计覆盖150个市700多个县（区），获得检验数据13.5万个。各级粮食行政管理部门丰富品质信息发布形式和渠道，引导当地粮食种植结构的调整，社会效益显著提高。

### （一）早籼稻

2015年，调查优质早籼稻品种达标率仍然偏低。湖北省在调查优质早籼稻90份样品中，仅有2份样品符合国家优质籼稻标准，其他样品主要存在米饭口感总体较差、食味评分较低以及垩白、粒型外观指标达标率低等问题；广东省早稻全项符合国家优质籼稻标准的比例为22.3%，较上年提高12.3个百分点。

### （二）中晚籼稻

福建、湖北、云南3省调查优质（优良）中晚籼稻品种，全项目符合国家优质籼稻标准的比例为：福建省9.9%，比上年下降9.2个百分点；湖北省10.9%，较上年提高6个百分点。由于优质稻粒型较长、病虫害抗性略差，造成优质稻整精米率偏低、不完善粒偏高，从而影响优质稻达标率；云南符合国家优质籼稻品种共10种，与上年相比，品种类型有所变化，类型数量也有所增加。

### （三）粳稻

辽宁、吉林、黑龙江、云南4省优质粳稻品种，全项目符合国家优质粳稻标准的比例，辽宁40%，比2014年提高5个百分点，其中除了直连淀粉达标率略低于2014年，出糙率达标率与上年持平外，其余指标达标率均高于2014年；吉林44.1%，与上年基本相同；黑龙江大部分指标达到了国家优质粳稻标准；云南种植的优质粳稻品种有13种。

### （四）小麦

各省调查的优质（优良）小麦品种，山西省优质专用品种少，种植面积小，未形成区域化、规划化生产；湖北省襄阳、随州传统小麦产区，较适宜种植强筋类型小麦，该省中东部地区种植，强筋性状有所弱化，适宜种植中筋、弱筋小麦品种；山东大部分小麦属于中筋小麦，适合做馒头或面条，降落数值偏高，生芽粒含量比较低，粗蛋白含量范围比较广，湿面筋含量较高；陕西关中中部小麦筋力适中，各项指标表现良好，关中东部小麦容重、粗蛋白和湿面筋含量较高，关中西部小麦沉淀值较高，筋力较弱；新疆小麦品质仍以中强筋类小麦为主，其蒸煮品质优良的小麦品种达到50%以上。

### （五）玉米

河北、山西、内蒙古、辽宁、吉林、黑龙江、山东、河南、陕西9省（区）玉米淀粉含量平均值72.2%，变幅69.0% ~ 78.6%，符合淀粉发酵工业用玉米国家标准（GB/T 8613-1999）中等（不低于72%）以上要求的比例为50.1%，较上年下降10个百分点；粗蛋白质含量平均值10.0%，变幅6.5% ~ 27.4%；粗脂肪含量平均值4.2%，变幅3.1% ~ 5.6%。

### （六）大豆

吉林大豆粗脂肪含量较高，平均值19.9%，变幅18.0% ~ 22.0%，符合高油大豆三等标准的比例为46.7%，高于正常年景含量；粗蛋白含量正常，平均值39.7%，变幅37.1% ~ 42.0%，符合高蛋白大豆三等标准的比例为46.7%，较往年提高26个百分点。

黑龙江大豆粗脂肪含量平均值20.1%，变幅16.1% ~ 22.6%，符合高油大豆三等标准的比例为57.5%，高于正常年景水平；粗蛋白含量平均值39.2%，变幅35.0% ~ 43.0%，符合高蛋白大豆三等标准的比例为37.0%，略高于正常年景水平。

# 第四部分

## 粮食市场监管

# 一 粮食仓储管理

2015年，粮食生产流通面临粮食库存量之大前所未有、简易仓囤储粮之多前所未有的严峻形势，储粮安全尤其是简易仓囤储粮压力巨大，成为粮食流通工作的重点、难点之一。国家粮食局以抓好简易仓囤储粮为突破口，以仓储设施专项调查为着力点，以弘扬"四无粮仓"精神推动仓储管理工作，以改革创新精神深入推进依法行政，坚守确保不发生严重安全储粮和安全生产事故的底线，安全储粮和安全生产形势总体平稳。

## （一）加强东北地区简易仓囤储粮的监管指导，打响安全保粮攻坚战

国家粮食局多次组织联合工作组赴东北地区，开展安全储粮和安全生产调研和督察，组织专家研讨分析钢结构简易仓、储粮罩棚、千吨囤、席茓囤等不同形态储粮设施的问题和隐患，研究提出处置对策和措施建议。9月，召开东北片区安全储粮和安全生产工作会议，动员和部署打好安全储粮和安全生产攻坚战，针对薄弱环节精准施策，加快露天囤垛防火改造，加快消除东北地区未防护露天储粮。针对"千吨囤"等新储粮形态在结构安全、生产安全及储粮安全等方面存在的风险和隐患，及时下发《关于做好"千吨囤"安全储粮和安全生产工作的通知》，对"千吨囤"规范搭建、安全作业、保粮措施等提出明确要求，发布实施《简易仓囤储粮技术规程》。

## （二）加强安全生产管理，强化安全生产隐患督察整治

"8·12"天津港特别重大火灾爆炸事故发生后，国家粮食局举一反三，迅速下发《关于切实做好当前粮食行业安全生产工作的通知》，要求各地全面落实部门监管职责和企业主体责任，开展安全生产大检查。印发《国家粮食局办公室关于切实做好2015年秋粮收购和秋季安全储粮工作并开展专项检查的通知》，并于10月份派出10个工作组分赴主产省开展秋季储粮安全督察。年末举办2015年粮食行业安全生产培训班，重点就码垛方法、药剂熏蒸、消防安全、进出仓作业等进行培训。推进安全生产基础性、标准化研究工作，并形成了《粮油仓储企业消防安全检查要点》等初步成果。部门监管责任和企业主体责任进一步落实，一批安全生产隐患得以消除，行业安全生产形势平稳向好。2015年，粮油仓储企业安全生产继续保持平稳态势，未发生严重霉粮、坏粮事故，未发生重特大或社会影响较大的安全生产事故，与2014年相比，2015年事故数量和死亡人数大幅双降，分别减少了42%和63%，低于近五年事故数和伤亡人数的平均水平。

## （三）组织开展全国粮油仓储设施专项调查

2015年，组织开展了全国粮食仓储设施专项调查。通过调查，基本摸清了我国各类

粮食仓储设施的总量、布局、结构和状态等情况，通过仓储设施统一编码，掌握了企业、库区及仓房（油罐）等具体信息，为科学实施粮食宏观调控、建立粮油仓储设施保护制度、推动科学储粮等奠定了基础。以库存粮食识别代码技术为代表的粮库智能化升级工作稳步推进。2015 年，《库存粮食识别代码》（行业标准）正式发布，为继续深化试点夯实了理论基础，提供了标准化指导依据。7 月，召开库存粮食识别代码试点经验交流现场会，总结交流试点工作情况和经验，并就具体应用功能的完善和落地进行了探讨。这一年，财政部启动粮库智能化升级项目，河南、湖南、江苏 3 省成为首批试点省份。

### （四）“四无粮仓”精神得到传承弘扬

抓住“四无粮仓”全国创建推广 60 周年契机，在粮食行业部署开展了“弘扬‘四无粮仓’精神先进单位和传承‘四无粮仓’精神先进个人”评选表彰活动。一批体现当代粮油仓储管理先进水平的单位和代表广大基层粮油保管优秀工作者的个人涌现出来，为进一步推动粮油仓储管理水平整体提升树立了标杆，成为粮食行业践行“三严三实”的生动缩影，进一步凝聚了全国粮食系统艰苦奋斗、创新发展的力量。

### （五）依法行政，中央储备粮代储资格认定工作进一步优化完善

根据国务院简政放权、推进行政审批改革的精神和要求，认真做好中央储备粮代储资格认定事项、办事程序、审核内容等信息全面公开。编制《中央储备粮代储资格认定服务指南》，实行预受理和受理单制度、创新专家审核程序机制、清理中介服务事项等，全方位服务申请对象，提高审批效率。截至 2015 年底，全国共有 2249 户中央储备粮代储资格企业。其中：粮食类企业 2042 户，资格仓容 1.12 亿吨；油脂类企业 207 户，资格罐容 371 万吨。

2015 年，结合 10 多年来中央储备粮代储资格认定工作实践，国家粮食局开展了综合调研、座谈等，对《中央储备粮代储资格认定办法》进行客观全面分析评估，总结制度运行、执行操作等方面的经验及存在的问题，并研究提出改革完善的措施意见。

## 二 粮食流通秩序规范

2015 年，全国粮食监督检查工作深入贯彻党的十八大和十八届三中、四中、五中全会精神，紧紧围绕“抓收购、保供给、管库存”中心工作，积极依法开展监督检查，认真履行守住管好“天下粮仓”的职责，为保障国家粮食安全作出了应有贡献。

### （一）抓好粮食收购专项检查，切实保护种粮农民利益

在粮价持续下行、市场需求低迷、主产区仓容紧张、政策性粮食收购任务十分繁重的情况下，围绕“抓收购”中心工作，坚持边收购边检查，不断加大督导检查力度。国家粮食局及时部署各地开展粮食收购专项检查，并对重点省份进行直接督察。夏粮收购期间，由司级干部带队赴山东、河南等省对托市粮收购政策执行情况开展督导检查；秋粮收购期间，局领导亲自带队，组织100余人，赴13个粮食主产省督导检查秋粮收购、储粮安全和安全生产工作。针对个别地区存在的“卖粮难”“打白条”等苗头性问题，及时下发严防发生农民“卖粮难”和严肃查处向售粮农民“打白条”等损害农民利益行为的两个紧急通知。各级粮食行政管理部门切实强化收购市场监管，规范收购秩序，保护种粮农民利益，为确保粮食收购工作平稳有序发挥了重要作用。

### （二）优化粮食库存检查方式，坚决守住监管底线

2015年初，全国粮食流通工作会议上提出“突出抓好政策性粮食库存监管，切实守住‘数量真实、质量良好、储存安全’的监管底线”“创新库存检查组织形式和方式方法，提高监管工作质量和效率”等要求，国家粮食局按照既体现改革精神，又要平稳过渡的原则，对粮食库存检查方式进行了优化，在组织全国粮食库存检查的同时，专门部署内蒙古、辽宁、吉林、黑龙江4省（区），由地方粮食行政管理部门与中储粮系统按在地方式对行政区内的粮食库存进行混合交叉普查。在此基础上，国家有关部门联合派出14个抽查组340名检查人员，对4省（区）重点企业按照中央与地方“混合编组、各有侧重、交叉互查”的原则进行重点抽查。为强化检查责任，确保检查效果，首次在抽查中层层签订责任状，严格落实检查工作责任制和责任追究制。通过检查，共发现各类问题4101个，其中重点问题729个，涉及中央事权粮食库存管理的330个，地方事权的378个，农业发展银行信贷管理的21个。对于一般性管理问题督促企业现场整改，重点问题由国家粮食局分别向有关央企和地方粮食行政管理部门下发整改通知，督促限期整改。2015年下半年，国家粮食局还就引入社会专业稽查力量强化中央储备粮库存专项检查进行了有益探索，取得了良好效果。通过库存检查，夯实了粮食宏观调控的物质基础，保障了国家粮食安全。

### （三）加大“出库难”整治力度，促进粮食市场有效供给

国家粮食局督促指导各地粮食行政管理部门把严防发生政策性粮食“出库难”作为“稳市场、保供给”的关键举措来抓，严肃查处拖延阻挠出库、索取不合理费用等违规行为，为国家实施促销压库、跨省移库提供了较好保障。各地粮食行政管理部门严格督促粮食收储企业认真履行出库义务，严格执行国家粮食质量标准，积极协调妥善处理商务纠纷，加大监督检查力度，力争快出库、多腾仓。从各地情况看，政策性粮食出库总体顺畅，保证了市场供应。

### （四）严查重大涉粮案件，维护粮食法规政策的严肃性

2015 年各级粮食行政管理部门不断加大对粮食收储企业执行国家粮食收购政策和“五要五不准”收购守则情况的监督检查，严肃查处“打白条”违法违规行为，守住农民“种粮卖得出”的底线。各地畅通举报投诉渠道，及时受理群众举报，全年共查处案件 7215 例，主要涉及“以陈顶新”、拖欠农民售粮款、克扣农民、“卖粮难”等方面问题。其中责令改正 4293 例，警告 1613 例，暂停或取消粮食收购资格 580 户，罚款 690 例，为农民追回售粮款 5027 万元。对查办过程中发现的有关企业负责人违规违纪等问题线索，及时移送有关部门处理。国家粮食局共受理群众举报和领导批示的案件 33 件，对其中舆论曝光、社会关注高的重大涉粮案件进行了直接查办。对查实的央视曝光辽吉两省个别粮库“以陈顶新”问题，督促地方对有关负责人和直接责任人严肃处理，涉嫌犯罪的，已移交司法机关处理，并将查处情况公开通报，同时反馈央视回应舆论关切。对中储粮滁州直属库租赁库点拖欠农民粮款 2400 多万元和中储粮黑龙江分公司海林直属库租赁库点拖欠农民粮款 1320 万元，以及河南省潢川县农民“卖粮难”问题等重大案件，国家粮食局均直接派员实地核查处理，在当地政府高度重视和地方粮食行政管理部门支持配合下，较好地解决了拖欠农民粮款和“卖粮难”问题。总体看，各级粮食行政管理部门案件查办依法依规，对违规行为惩治有力，切实维护了“五要五不准”粮食收购守则的严肃性，保护了种粮农民利益，确保了国家粮食购销政策的顺利落实，对促进粮食经营者守法诚信经营起到了较好的警示和震慑作用。

### （五）全面开展社会粮食流通监督检查，维护粮食流通秩序

2015 年，国家粮食局组织各地结合本地实际，有针对性地开展了粮食收购资格、粮食经营者收购活动、执行粮食统计制度和粮食质量安全情况等检查工作。2015 年各地累计开展各类检查 8.25 万次，出动人员 35.14 万人次，检查各类粮食企业 30.20 万户次，较好地维护了粮食流通秩序。

### （六）加强制度建设，监管工作长效机制进一步完善

针对部分粮食主产区国有企业仓容不足，以及政策性粮食收储中部门职责不清、推诿扯皮等问题，国家粮食局会同有关部门和单位相继出台了《租赁社会粮食仓储设施收储国家政策性粮食的指导意见（试行）》和《关于进一步强化“四个共同”机制　切实做好国家政策性粮食收储和监管工作的通知》两个文件，为租赁社会仓容收储国家政策性粮食、统筹指导政策性粮食收储和监管工作、明确部门分工和责任提供了有力的政策依据，也为基层粮食行政管理部门解决了工作经费不足问题。针对政策性粮食出库管理中职责界定不清、措施规定不严、行政处罚不到位等问题，2015 年初会同有关部门和单位下发了《进一步加强国家政策性粮食出库管理工作的通知》，为加强政策性粮食出库管理，有效防范和解决“出库难”提供政策保障。

### （七）不断完善监管体系，监督检查工作整体水平进一步提高

各地粮食行政管理部门积极争取地方党委、政府支持，在政府机构改革力度不断加大，基层粮食行政管理机构被大量撤并的情况下，保持了粮食监督检查机构和队伍基本稳定。截至2015年底，市（地）级、县级粮食行政管理部门内设监督检查机构分别为311个、1867个，比重分别占90%、75%。成立粮食执法队1685个，其中市（地）级165个，县级1520个。粮食行政管理部门具有行政执法资格人员共计22953人，落实监督检查专项经费共计9278万元。继续开展全国粮食流通监督检查示范单位创建活动，2015年确定了第五批示范单位55个，累计达到278个，对强化监管体系建设发挥了重要作用。

## 三 粮食质量安全监管

2015年，各级粮食质量安全监管部门按照《2015年粮食质量安全重点工作》部署，建立健全粮食质量安全监管长效机制，积极开展粮食质量安全监测抽查，着力推进粮食质量检验监测体系和粮油标准体系建设，强化完善粮食质量安全保障机制、重金属超标粮食治理处置长效机制等，为保障国家粮食质量安全作出了积极贡献。

### （一）积极推进制度建设，落实粮食质量安全规范监管

制定发布《关于推进落实粮食质量安全保障机制的意见》，及时修订完善《粮食质量安全监管办法》，研究贯彻落实国务院关于超标粮食治理的意见，坚持问题导向，抓好制度建设。协调推进建立超标粮食处置长效机制，明确地方政府、相关部门、粮食企业的责任分工，强化粮食质量安全监管责任制和责任追究制度。粮食质量安全监管制度不断完善，为实现粮食质量安全监管工作有法可依、有章可循奠定基础。北京、天津、河北、山西、黑龙江、浙江、河南、广东、重庆、西藏、甘肃等地积极健全完善本地区的粮食质量安全监管制度，进一步明确对粮食质量安全事故（事件）应急处置、粮食质量安全监测体系管理、粮食质量抽检、信息报送、地方储备粮和军粮质量安全管理等工作的要求。湖北省精心组织，成功开展了全国首次粮食质量安全事故应急演练，通过演练，使当地各级粮食部门和粮食承储企业全面掌握了应急程序，提高了粮食应急处置能力，锻炼了粮食应急工作队伍。

### （二）有效开展粮食质量安全监测抽查，提升质量管控水平

#### 1. 创新方法，积极开展库存粮食质量抽查

国家粮食局在全国31个省（区、市）786

个粮食存储企业抽检样品2081份，代表数量416.9万吨，对库存粮食的质量、储存品质和食品安全状况进行了抽查检验，获得检验数据9万多个。在东北3省和内蒙古自治区国家联合抽查工作中，创新扦样和评价方法，扦样按照布点、层次双随机原则，扦取点位样品，评价点位样品质量状况。在这四省（区）233个库点的1929个仓廒，共扦取样品4729份，并随机选取460份样品进行了主要食品安全指标检查，获得检验数据10万多个。对于检查发现的问题，各地粮食部门及时采取措施，妥善处置，有效防止了不合格粮食流入口粮市场。

各省级粮食部门重点围绕粮食入库、销售出库质量安全检验和储藏保管等内容，积极组织开展了粮食质量安全日常监管工作，有效保障了人民群众用粮安全。

#### 2. 加强新收获粮食质量安全监测

国家粮食局在全国范围内采集和检验新收获小麦、稻谷、玉米、油菜籽等主要粮食品种国家级监测样品3700份，重点对农药残留、真菌毒素和重金属等食品安全指标进行全面监测。

在完成国家级监测任务的基础上，辽宁、浙江、陕西、河北4省积极创新工作方式，加强省级粮食质量安全监测，较全面地掌握了主要粮食品种质量安全状况，及时发现存在的问题和风险隐患，采取针对性措施，有力地保障了粮食质量安全。

#### 3. 强化政策性成品粮油质量监管

各地积极探索，认真开展政策性成品粮油质量监管。加强对军粮、“放心粮油”、应急储备、救灾应急粮油以及“平价粮油”“学生粮”“低保粮”“农村季节性缺粮补助”等政策性成品粮油的质量监管工作，为确保人民群众“舌尖上的安全”提供技术保障。

### （三）大力推进超标粮食检测处置工作，化解食品安全风险

#### 1. 及时开展最低收购价稻谷卫生指标检测工作

稻谷最低价收购预案执行省份及时完成了最低收购价稻谷卫生指标逐仓检测工作，为有关部门制订超标粮食处置方案提供了重要技术依据。北京、浙江等非预案执行省（市）也积极开展超标粮食收购处置工作，有效防控粮食食品安全风险。

#### 2. 积极建立超标粮食处置长效机制

国家粮食局贯彻落实党中央、国务院关于建立超标粮食处置长效机制要求，指导各地粮食部门，在当地省级人民政府统一部署下，积极协调配合相关部门，建立健全相关机制。浙江、贵州、广东、重庆、甘肃等地研究制定了相关文件，为依法开展超标粮食处置提供制度保障。

### （四）继续推动粮食质量检验检测体系建设，提升监测能力

2015年下达中央投资计划1亿元，支持35个国家粮食质量监测机构提升装备水平。“十二五”期间累计完成投资15.6亿元，其中中央补助投资8亿元，地方配套7.6亿元，为280个国家粮食质量监测机构配置了仪器设备，改善了基础条件，国家粮食质量监测体系实现跨越式发展。完成第六批新增45个国家质量

监测机构挂牌工作，填补了山西、内蒙古、广西和云南等省（区）局部区域监测机构的空白，继续向“机构成网络、监测全覆盖、监管无盲区”的建设目标迈进。组织开展国家粮食质量监测机构运行情况监督检查工作，督促各省完成自查工作，进一步加强国家粮食质量监测体系的管理。

国家粮食局组织 29 个国家粮食质量监测中心开展检验技术比对考核，加强检验队伍技术能力建设。辽宁、江苏、北京、陕西等省（市）组织行政区内粮食质检机构和生产经营企业的检验技术、质量管理等人员开展培训和比对考核工作，进一步提高粮食质量安全保障能力。

## （五）落实各项粮食质量安全监管工作，提高履职成效

### 1. 认真开展粮食质量安全监管评估考核

根据国务院食品安全办对食品安全工作考核的有关要求，继续开展粮食质量安全监管工作评估考核，对 2015 年全国粮食质量安全工作进行了综合评价，通报表扬了优秀的省级粮食行政管理部门和个人，推动粮食质量安全监管工作迈向更高水平。江苏省把保障粮食质量安全纳入 2015 年市县长粮食安全责任制考核内容。云南省粮食局认真开展粮食质量安全监测监管工作，在省人民政府开展的“2014 年食品安全目标责任考核”中获得一等奖。

2015 年，在国务院食品安全办会同各成员单位对省级人民政府落实食品安全重点工作进行考核中，涉及粮食部门有 4 项指标。各地粮食部门借力责任考核，有效地推动地方各级人民政府进一步重视粮食质量安全工作，强化地方政府属地管理责任。

### 2. 积极推进粮食质量安全追溯体系建设

国家粮食局研究提出粮食质量安全追溯体系建设初步方案，推进质量追溯体系工作稳步开展，利用信息技术构建动态监管系统，管控粮食质量安全风险。江苏、山东、河南、四川、广东等省积极探索粮食质量监管信息化，推动粮食质量监管信息平台开发建设工作，部分地区初步实现了粮油质量追溯功能。

### 3. 切实做好粮食质量安全宣传

按照国务院统一部署，国家粮食局组织开展了“全国食品安全宣传周　粮食质量安全宣传日”活动，通过举办实验室开放日、展示“放心粮油”产品、开展科普讲座等活动，向广大消费者积极宣传新《中华人民共和国食品安全法》，普及粮食质量安全科学知识，实现了“突出活动主题、突出行业特点、突出宣传实效”的目标，取得了良好效果。

# 专栏　放心粮油工程实施情况

粮油是人们一日三餐不可缺少的主要食品，粮油质量安全关系人民群众身体健康和生命安全，关系社会和谐安定。2015 年，放心粮油工程继续得到党中央、国务院及各级党政部门的重视，各级粮食行政管理部门、粮食行业协会和广大粮油企业共同努力，全国放心粮油工程稳步推进，受到业内外的充分肯定和广大消费者的普遍欢迎。

## 一、开展放心粮油示范企业复评工作

为贯彻落实国务院 2009 年 15 号文件精神，根据国家粮食局《深入推进放心粮油进农村进社区示范工程的实施意见》(国粮办发〔2009〕199 号)，中国粮食行业协会在总结前一阶段创建工作经验的基础上，经过严格审核，对首批放心粮油示范企业进行了复评，通过复评的放心粮油示范企业共 322 家，其中示范加工企业 287 家、示范销售店 28 家、示范配送中心 5 家、示范主食厨房 2 家。为进一步加强对示范企业监督管理，促进示范企业更加高效、科学地进行生产活动，对原有的放心粮油示范企业进行年审。

## 二、认真总结推广实施放心粮油工程的先进经验

根据《国家粮食局关于贯彻中央有关政策措施和 2015 年主要工作任务分解落实意见》的要求，中国粮食行业协会在陕西省西安市召开了部分省市粮食行业协会秘书长座谈会，来自北京、天津、山西、吉林、江苏、安徽、河南、湖北、贵州、重庆、陕西 11 个省（市）协会秘书长及有关企业代表参加了会议。会议重点研究了城乡放心粮油供应服务网络建设工作的总体思路和实施办法；探讨了粮食经纪人队伍的建设和发展问题；参观了西安爱菊粮油工业集团有限公司和陕西西瑞(集团)有限责任公司的放心粮油加工配送中心、主食厨房和供应网点。大家对《在城乡普遍建立放心粮油供应服务网络实施意见》和《城乡放心粮油供应网络建设示范县》等文件进行了认真讨论，提出修改和完善意见，正式上报国家粮食局。

## 三、广泛开展放心粮油科普宣传

根据《国务院食品安全委员会办公室等十八部门关于开展 2015 年全国食品安全宣传周活动通知》的统一部署，2015 年 6 月 24 日在吉林省长春市举行以“尚德守法　全面提升食品安全法治化水平”为主题的粮食质量安全宣传日活动，本次活动同时作为全国“放心粮油宣传日”主会场活动。活动内容主要包括新食品安全法普法知识宣传、放心粮油产品展示、专家现场咨询，发放科普宣传手册、为吉林省“放心粮油示范企业”授牌、放心粮油示范企业代表向消费者发出生产放心粮油产品倡议等。新的“食品安全法”对粮食及粮食加工品的生产经营、质量检验、风险监测、监督管理

等提出了新的严格要求，为粮食质量安全划定了“底线”和“红线”。各地粮食行业协会和放心粮油示范企业因地制宜地开展了多种形式的宣传活动，扩大了影响，收到了较好的效果。

粮油加工企业具有点多面广、经营分散的特点，大多数企业规模小、工艺设备简单、经营管理粗放。经过多年来坚持不懈的努力，放心粮油工程不断发展，越来越深入人心，受到政府、企业、消费者等各方面的肯定和欢迎。根据产品质量国家监督抽查结果，米面油产品抽检总体合格率已经由 10 多年前的 50% 左右提升并稳定在近几年的 95% 以上。

# 第五部分

## 粮食宏观调控

# 一 托市收购

为切实保护农民利益，促进粮食生产稳定发展和农民增收，2015 年国家继续在粮食主产区实施小麦、稻谷最低收购价和玉米临时收储政策，在新疆实施小麦临时收储政策，由中储粮总公司组织实施。2015 年东北等核心主产区收储形势十分严峻，国家通过在部分地区搭建露天储粮设施解决收储仓容不足的矛盾。

2015 年，小麦、早籼稻、中晚籼稻、粳稻最低收购价分别为每斤 1.18 元、1.35 元、1.38 元、1.55 元，均与 2014 年持平。玉米临时收储价格为每斤 1 元，较 2014 年每斤下调 0.10 ~ 0.12 元。新粮上市后，由于市场价格低于国家确定的收购价格，河南等 6 省、湖南等 4 省、安徽等 9 省分别启动了小麦、早籼稻和中晚稻最低收购价执行预案，新疆、东北 4 省（区）分别启动了小麦、玉米临时收储。全年收购政策性粮食 18280 万吨，收购数量再创新高。

粮食最低收购价和临时收储政策的实施，对稳定市场粮价发挥了积极的引导作用，保护和调动了广大种粮农民积极性，促进了我国粮食生产稳定发展，增加了种粮农民收益，农民真正得到了实惠，实现了中央提出的促进粮食增产、促进农民增收的政策目标。但政策性粮食库存居高难下，主产区收储矛盾十分突出，中央财政负担沉重，中储粮总公司收储和监管能力不足等问题逐步累积加重。

# 二 粮食储备及轮换

## （一）中央和地方储备粮油轮换工作进展顺利

为确保中央储备粮质量良好、储存安全、常储常新，更好地满足市场调控的需要，国家粮食局等部门加强对 2015 年度中央储备粮油轮换的指导和督促，及时下达 2016 年度中央储备粮油轮换计划。为缓解主产区收储矛盾，适时安排部分最低收购价和临时收储粮食划转为中央储备轮换粮源。各地不断强化储备粮管理，创新管理机制，采取措施积极应对市场形势变化对储备轮换带来的不利影响，切实抓好地方储备粮油轮换，较好地发挥了储备粮油吞吐调节作用，保障了储备粮油质量安全。

## （二）地方储备增储工作有序推进

2014 年，国家粮食局会同有关部门核定地方储备粮食规模，经国务院批准后下达各地，要求各地在2015年底前充实到位，增储比例超过80%的省份在2016年底前全部充实到位。各地抓紧分解下达增储计划，积极组织采购粮源充实库存，增储工作进展总体顺利。2015年末全国地方储备规模落实接近9成，北京等15个省份已全部落实到位，其余省份将于2016年陆续落实到位。

## 三 粮情监测预警

粮情监测预警是综合反映粮食市场动态变化的“晴雨表”，是确保国家粮食安全的一项重要举措。2015年，粮食市场监测预警工作稳步推进，在丰富信息采集内容、规范信息采集程序、完善信息采集渠道，以及拓展统计服务渠道、丰富统计信息发布内容等方面均取得长足进步，粮食市场监测预警和处置的准确性、及时性和前瞻性得到进一步提升。

一是优化粮食市场监测环境。继续深化粮食流通统计制度改革，夯实统计基础，充实统计人员，加快推进统计应用系统升级改造，切实提高粮食统计信息化水平，大力提升粮食信息的采集效率和质量，努力构建统一高效的粮食监测信息采集和整理平台。

二是提高粮食市场监测水平。根据市场关注的热点和难点，首次开展接新前农户存粮专项调查，继续做好全社会粮油供需平衡调查，准确研判粮食供求形势。优化粮油市场信息监测点的布局，加大对重点地区和重要时点的监测频率，动态掌握粮油市场变动趋势。继续做好大豆市场价格监测工作，加强对大豆信息直报点信息采集报送的督促指导，为大豆目标价格政策的顺利实施提供信息支撑。

三是强化粮食市场预警能力。定期研究分析国内粮食市场形势，准确研判国内粮食市场变动趋势，及时提出粮食宏观调控的意见和建议。针对重点热点问题，加大与地方粮食行政管理部门和各价格直报点等的沟通，及时掌握市场第一手情况，切实做到未动先知、未涨先知、未抢先知。

四是建立稳定的信息发布渠道。综合利用广播、电视、报纸、杂志、网络等媒介，采用报表、信息和专报等多种形式，建立统一、稳定的信息发布渠道，及时为国家相关部门和粮食生产者、经营者、消费者等提供信息服务，积极引导国内粮食的生产、流通和消费。

# 四 粮食产销合作

各地开展多种形式的产销合作，促进粮食跨区域流通。多个产销省（市）签订产销合作发展框架协议，致力于建立长期稳定的合作关系。北京、上海、浙江等销区指导推进骨干粮油企业在主产区建设和发展粮源基地，粮源收购量和调入量稳步增长；部分省份积极在主产区建立储备基地，引导大型粮油企业在主产区投资，开展粮食收储、加工等业务，既缓解了主产区收储压力，又巩固了销售市场；福建、浙江、四川等省还通过适当补贴，建立引粮入省的长效机制；黑龙江、福建分别联合多个省份举办了金秋粮食交易合作洽谈会、粮食产销协作洽谈会；山西、湖南、吉林等省发挥地方资源特色，举办区域性特色品种、名优产品交易洽谈会，有效促进了农民增收，深化了粮食产销合作。

2016 年，继续按照《国务院关于建立健全粮食安全省长责任制的若干意见》有关精神，进一步完善促进产销合作发展的政策措施，提升合作水平。支持销区企业到主产区投资建设粮源基地和仓储物流设施，开展订单生产、订单收购，提升运营质量。依托“一带一路”、京津冀协同发展、长江经济带“三大战略”，进一步深化粮食产销合作，支持骨干粮油企业“走出去”，拓展海外市场。产销区粮食行政管理部门要对开展产销合作的企业提供必要的支持和服务，促进粮食有序顺畅流通。

# 五 粮食市场交易

受市场消费需求不旺、进口粮食冲击等因素影响，2015 年国有粮食企业销售数量有所减少，全年累计销售出库 20401 万吨，同比减少 2460 万吨。分品种看，销售小麦 5616 万吨，同比减少 509 万吨；稻谷 5717 万吨，同比增加 131 万吨；玉米 5639 万吨，同比减少 2587 万吨；大豆 2705 万吨，同比增加 87 万吨。

国家有关部门坚持常时向市场投放政策性粮食，并根据市场需求和收购情况合理把握销售节奏和力度，适时增加投放品种和数量，保障了粮食市场供应。为加快库存粮食消化，国家有关部门组织开展了国家政策性粮食专场交易，出台了玉米深加工企业补贴政策，黑龙江、吉林等省也出台了地方补贴政策，以上措施有效地调动了企业购买积极性，大幅增加了成交量。据统计，2015 年累计销售出库国家政策性粮食 1995 万吨。

# 第六部分

## 粮食流通体系建设

# 一 粮食仓储物流体系

2015年，在有关部门的大力支持下，各级粮食部门深入推进“粮安工程”建设，重点加强粮食仓储物流体系建设，积极服务粮食宏观调控，不断提高粮食安全储粮水平，取得了丰硕成果。

## （一）粮食仓储物流体系建设成效显著

### 1. 粮食仓储设施建设继续加强

2015年，国家累计安排中央预算内投资补助106.4亿元，建设仓容5815万吨。其中，与地方增产增储挂钩安排45.27亿元，建设仓容2670万吨；地方竞争性建仓安排3.63亿元，建设仓容520万吨；安排中储粮总公司自主建仓项目12.25亿元，建设仓容255万吨；安排中储粮总公司合资控股建仓项目5.25亿元，建设仓容255万吨。中储粮总公司720万吨市场竞争方式建仓、中粮集团和中纺集团通过政策性粮食收储主体资格换取仓容的550万吨建设任务持续推进。年中，又追加中央预算内投资40亿元，用于地方和中央企业建设仓容1070万吨。同时，为缓解部分地区收储仓容不足问题，防止发生农民“卖粮难”，下达东北3省和内蒙古自治区储粮罩棚1500万吨。

### 2. “危仓老库”维修改造持续推进

2015年中央财政共安排42亿元中央补助投资用于“危仓老库”维修改造、应急供应体系维修改造和粮库智能化升级。至2015年，除北京、上海、天津外的其他所有省份，均已纳入“危仓老库”维修改造重点支持省份。中储粮总公司、中粮集团、中纺集团等中央企业也全部安排了“危仓老库”维修改造中央财政补助资金。同时，在河南、江苏、湖南3省启动了智能化升级改造试点。

### 3. 粮食现代物流体系不断完善

2015年，国家共安排中央补助投资7.6亿元用于粮食现代物流项目建设。进一步完善东北、黄淮海、长江中下游等流出通道和华东沿海、华南沿海、京津、西南及西北流入通道等八大跨省流通通道，形成了一批粮食发运、中转、接卸的重要节点，开通了部分散粮火车和铁路散粮集装箱入关线路及关内散粮运输线路，铁路运输瓶颈得到缓解，多式联运能力、运输效率和组织化程度不断提高。

## （二）下一阶段推进粮食仓储物流体系建设重点工作

### 1. 统筹推进粮食仓储设施建设，着力优化布局、完善功能

优化仓储设施布局，彻底消除“席茓囤”存粮和“危仓老库”带病存粮。完善仓储设施配套功能，加大对粮食烘干设施的投入，加快粮食收储企业快速检测设备的配置。

### 2. 加快粮食现代物流体系建设，着力提高粮食流通效率

进一步加强各通道建设，补齐物流短板。积极推广应用公、铁、水多式联运物流衔接、集装

单元化运输等新技术新装备。通过加快建设，使八大物流通道功能更加完善，原粮“四散化”比例明显提高，粮食从产区到销区的运输时间明显缩短，损耗大幅减少，跨区域物流运输更加顺畅。

## 二　粮食应急保障体系

按照国家粮食局加快推进应急供应、军粮供应、成品粮储备、放心粮油、主食产业化“五位一体”融合发展的要求，各地结合实际继续推进粮食应急体系建设，构建布局合理、运转高效的应急网络，为做好粮食应急工作奠定了坚实基础。截至2015年底，全国各省（区、市）确定粮食应急供应网点44012个、应急加工企业5815家。元旦、春节等重要节假日期间，国家有关部门指导各地密切关注粮油市场动态，加强粮源组织调度和市场监管，保障了粮油市场平稳有序运行。

辽宁、河南、青海等地修订完善了省级粮食应急预案或实施细则，青海省还制定了粮食应急供应网点管理办法；山东、安徽、江西等地积极争取财政资金支持，加强粮食应急加工企业、配送中心和成品粮仓储设施建设；山西、吉林、湖北等省组织或参与了省级粮食应急演练，提升了粮食应急保障能力。

## 三　粮油加工体系

### （一）国家系列重要政策加大支持粮油加工业发展

《中共中央国务院关于加大改革创新力度加快农业现代化建设的若干意见》《国务院办公厅关于加快转变农业发展方式的意见》等文件提出，要提升粮油精深加工水平，支持节粮技术改造，鼓励加强副产物综合利用。为促进玉米加工业健康发展，国家发展改革委将玉米深加工项目由国家发展改革委核准调整为由省（自治区、直辖市）级发展改革委备案。2015年国家有关部门通过国家产业振兴与技术改造项目安排中央投资8617万元，支持5个粮油加工企业进行技术改造，推广应用先进技术装备，延伸产业链条，开发新型优质健康粮食产品。

**表 6–1 2015 年国家出台的粮油加工政策**

| 序号 | 文件名 | 产业类别 | 主要内容政策 |
|---|---|---|---|
| 1 | 《中共中央国务院关于加大改革创新力度加快农业现代化建设的若干意见》（中发〔2015〕1 号） | 农业 | 不断增强粮食生产能力。进一步完善和落实粮食省长责任制。<br>深入推进农业结构调整。支持粮食主产区发展畜牧业和粮食加工业，继续实施农产品产地初加工补助政策，发展农产品精深加工。<br>创新农产品流通方式。加快千亿斤粮食新建仓容建设进度，尽快形成中央和地方职责分工明确的粮食收储机制，提高粮食收储保障能力。继续实施农户科学储粮工程。<br>提高统筹利用国际国内两个市场两种资源的能力。完善粮食、棉花、食糖等重要农产品进出口和关税配额管理。<br>完善农产品价格形成机制。继续执行稻谷、小麦最低收购价政策，完善重要农产品临时收储政策。合理确定粮食、棉花、食糖、肉类等重要农产品储备规模。完善国家粮食储备吞吐调节机制，加强储备粮监管。落实新增地方粮食储备规模计划，建立重要商品商贸企业代储制度。 |
| 2 | 《国务院办公厅关于加快转变农业发展方式的意见》（国办发〔2015〕59 号） | 粮油加工业 | 加快发展农产品加工业。扩大农产品初加工补助资金规模、实施区域和品种范围。深入实施主粮加工提升行动，推动马铃薯等主食产品开发。支持精深加工装备改造升级，建设一批农产品加工技术集成基地，提升农产品精深加工水平。支持粮油加工企业节粮技术改造，开展副产品综合利用试点。加大标准化生猪屠宰体系建设力度，支持屠宰加工业一体化经营。 |
| 3 | 《国家发展改革委办公厅关于玉米深加工项目管理有关事项的通知》（发改办产业〔2015〕1017 号） | 粮食加工业 | 根据国务院《关于发布政府核准的投资项目目录（2014 年本）的通知》（国发〔2014〕53 号），经研究，决定将玉米深加工项目由国家发展改革委核准调整为由省（自治区、直辖市）级发展改革委备案。并将根据玉米供求情况，对备案管理进行适时调整。<br>1. 玉米深加工项目备案应符合国家相关产业政策要求，坚持减量淘汰或等量淘汰的原则，延长玉米深加工产业链的项目要严格控制新增玉米加工量；<br>2. 在充分保证饲料工业、食品加工和农业生产用粮需求的前期下（玉米主产区要保障粮食外调任务需要），适度发展玉米深加工，防止玉米深加工产能盲目扩张。要根据市场需求，鼓励玉米深加工企业兼并重组，淘汰落后的玉米深加工产能；<br>3. 加强对玉米产量、供求和玉米深加工产能、消耗量等情况的跟踪分析，根据市场情况和宏观调控需要，不断完善政策措施，引导玉米深加工平稳有序发展。 |

### （二）地方财政资金积极支持深入推进粮食产业化工程

部分重点省份积极推进粮食产业化工作，通过财政资金等方式支持粮食产业发展。安徽省粮食局实施“放心粮油”和“主食厨房”两项工程推进年活动，将省财政每年安排的 2000 万元粮食产业化财政项目资金进一步向两项工程倾斜，补助类项目扶持资金 1000 万元。目前，全省已建成主食厨房经营网点 2932 个，其中配送中心 35 个，直营店 302 个，主食售货亭 2595 个。

河南省粮食局积极协调河南省财政厅筹措专项资金 8500 万元，对 61 家主食产业化和粮油深加工企业予以贴息扶持，由此带动 60.2 亿元的企业流资贷款规模，进一步促进了全省粮油深加工和主食产业化的发展。2015年，该省主食产业化率由上年的29%提高到32%，粮油加工率由上年的78%提高到81.5%。以河南省主食生产企业为引领成立了全国主食产业联盟，该省积极争取到给予本省主食加工产品增值税享受农产品初加工产品税率，切实减轻了企业负担，为主食产业化发展创造了更为宽松的政策环境。

山东省粮食局、财政厅联合下发《关于进一步推进主食产业化建设的实施意见》（鲁粮发〔2015〕13号），省财政厅安排5000万元专项资金支持主食产业化项目建设。目前，全省规模以上馒头工业化生产企业达到37家，年产馒头4.2万吨；挂面加工企业71家，年产挂面42.2万吨。

湖南省粮食局继续推进以“五扶工程”（指“扶强、扶大、扶优、扶特、扶品牌”战略）为抓手的粮油深加工及物流千亿产业工程，强力推进企业做大规模、做强产业、做优产品、唱响品牌、提升效益，2015年共扶持企业118户，资金总额1亿元。

四川省粮食局以服务“三农”为着力点，打造“川粮产后服务体系”，2015年省财政继续安排5000万元资金启动了50个项目单位建设。2013年至今，四川省财政已累计安排资金1.66亿元，为全省165个县、186个项目单位，购置烘干设备超过1000（台）套。建成的产后服务中心帮助农民烘干清理粮食150多万吨，减少晾晒、虫霉等粮食损失2亿元以上。

### （三）粮食产业发展呈现新亮点

#### 1. 实施一、二、三产业融合发展

积极参与土地流转，发展规模化订单农业，提升粮食种植与加工的适配性，保障三农稳收增收；创新粮食产后服务模式，服务新型农业经营主体规模化粮食烘干、仓储需求，实现加工与粮油产品销售、餐饮、休闲以及其他服务业的有机整合，提升粮油产品供应能力。

#### 2. 延长产业链条，发展精深加工，提高副产物综合利用率

延伸产业链，以市场需求为导向生产精深加工产品，如：自主知识产权加工技术的产品、功能性营养产品、世界领先技术产品等，将粮食“吃干榨净”，提高粮食附加值，实现粮食资源优势向经济优势的转变。

#### 3. 发展循环经济产业

按照国家循环经济发展战略部署，建立低碳、环保、绿色的循环经济系统，通过技术改造升级，降低单位产品能耗和物耗，减少污染物排放。建设热源、水源、气源循环和废弃物再利用示范工程，提升能源使用效率，降低生产成本，提高综合经济效益。

#### 4. 以科技创新为驱动，加强科研攻关和技术投入

主动加强科技创新投入，实施新品研发和生产线升级改造。企业作为创新主体与粮食行业、食品行业及轻工领域的科研院所、院校开展产学研合作，开展新产品、新技术、新品种的研究开发与应用示范。据统计，2015年粮油加工企业研发投入达73.2亿元，比2010年增加181.5%；获得专利4141件，比2010年增加103.4%。

#### 5. 加强与信息技术的融合发展

积极引入“互联网+粮食”开展网络营销，搭建网络平台或者借助电商成熟的销售平台进行网上新兴消费群体的引流，扩大销售范围，实现精准配送，减少流通成本，增强服务能力。建设数据信息中心，深入推进大数据、云计算和物联

网技术在粮油加工业中的应用，指导企业精确生产和精准营销，提升企业现代化管理水平。建立产品质量安全追溯体系等。

#### 6. 发展产业集群，加强园区建设

积极发展企业集聚、产能集聚、市场集中的产业集群、产业园，发展特色县域经济，依托农业种植结构，因地制宜发展特色产业；上下游产业功能互补，协同发展；形成一批有竞争力的名牌产品；科技含量高，占领行业发展技术高地。

## 专栏　“粮安工程”

2013年“粮安工程”全面实施以来，各级粮食部门切实加强组织领导和统筹协调，全力推进“粮安工程”建设。中央和地方各级政府也加大资金投入力度，确保“粮安工程”建设顺利实施，粮食行业基础设施面貌焕然一新，极大地提升了国家粮食安全的保障能力。

一是在粮油仓储设施建设方面，2013～2015年，中央预算内投资累计142.4亿元，新建仓容1388亿斤。同时，中央财政还启动了“危仓老库”维修改造项目建设，3年累计投资72亿元用于仓库维修和功能提升，极大改善了全国粮食仓储设施条件，有效地保障了粮食“十二连增”后的收储需要。

二是在粮食物流通道建设方面，加大了“北粮南运”主通道和西南、西北通道的建设，2013～2015年，中央累计投资20.6亿元，建设了一大批粮食现代物流设施，配套建成了一批粮食物流和加工园区，粮食物流设施不断完善，跨区域物流运输效率不断提高。

三是在应急供应体系建设方面，截至2015年底，全国粮食应急加工企业5815个，应急供应企业44012个，粮食应急保供能力不断提升。

四是在粮油质量安全能力建设方面，2013～2015年，中央累计投资4亿元用于粮油质检能力建设。目前，以国家和地方粮食检验监测机构为骨干的国家粮食质量检测体系已全面建立，粮食质量监管制度和粮油标准体系进一步健全，粮食质量安全检验监测能力明显提升。

五是在粮食节约减损方面，重点加强储藏、加工、消费等各环节的节约减损工作。2013年以来，中央累计投资9亿元推广农户科学储粮，为386.3万农户配置了储粮装具。同时，还积极开展加工业节粮减损工作，启动制修订国家标准，引导适度加工。积极开展全民“节约一粒粮”宣传教育活动，推动全社会广泛参与节粮减损行动，营造了节约粮食反对浪费的浓厚社会氛围。

# 第七部分

## 粮食流通体制改革

# 一 粮食流通体制改革概述

2015年1月，国家粮食局召开全国粮食流通工作会议，强调要坚持稳中求进工作总基调，主动适应经济发展新常态，全面落实粮食安全责任，全面深化粮食流通改革，全面推进依法治粮，全面加强“粮安工程”，加快实施创新驱动发展战略，加快转变粮食经济发展方式，加快推进粮食流通能力现代化，切实保障国家粮食安全，促进经济社会平稳发展。会议要求以优化机制、激发活力、提高效率为重点，进一步深化储备粮管理机制改革、粮食科技体制改革、粮食企业经营发展模式改革、粮食行政管理机制改革、统计制度改革等粮食流通各项改革。

2015年粮食流通改革的总体思路是，以全面落实粮食安全省长责任制为核心，着眼于优化机制、激发活力、提高效率，重点推进粮食流通管理体制、粮食科技体制和粮食企业经营发展模式改革，完善深化政策性粮食购销机制、地方储备粮管理机制和流通统计制度改革，加快推进中央储备粮监管体制机制和粮食行政管理机制改革。

在粮食流通管理体制改革方面，建立健全粮食安全省长责任制迈出坚实步伐。各地积极主动推进粮食安全省长责任制的全面落实，31个省级人民政府全部出台了实施意见，大部分省份制定了考核办法。各地普遍成立了落实粮食安全责任工作领导小组或建立了联席会议制度，吉林、江苏、安徽、江西、湖南、广西、海南、四川、云南、甘肃等省（区）将粮食安全责任落实情况纳入政府绩效考核，保障区域粮食安全、维护国家粮食安全的制度体系初步形成。《粮食安全省长责任制监督考核办法》已由国办印发，监督考核机制正在抓紧建立。

在政策性粮食购销机制改革方面，一是从优化机制和提高效率出发，将小麦、早籼稻和中晚稻由原来的3个预案合并为1个预案，实现了“三合一”。二是从进一步厘清中央和地方粮食安全责任出发，从2015年起，油菜籽收购由地方政府全面负责，中央财政予以适当支持，促进油菜籽市场有序流通和产业健康发展。三是从完善机制和方便农民售粮需要出发，玉米临时收储探索形成“一主多辅”模式，价格更加贴近市场。同时，吉林、黑龙江、安徽、湖北、河南等省积极探索出台省级临储、加工补贴收购等办法，认真做好质量不达标粮食的收购工作。这些实实在在的改革举措为进一步深化政策性粮食购销机制改革奠定了良好基础。

在国有粮食企业改革方面，起草并向国务院汇报了《国有粮食企业改革进展情况报告》，加强对地方国有粮食企业改革的指导，以“一县一企、一企多点”模式为主推进国有粮食企业改革，加大县级国有粮食企业兼并重组力度，代储代烘、粮食电商等新业态服务“三农”效果明显。在市场持续低迷的情况下，努力挖潜增效、搞活经营，2015年全国国有粮食企业实现统算盈利78亿元。

在中央储备粮监管体制机制改革方面，创

新粮油库存监管机制和检查方式，委托东北 3 省（区）及内蒙古自治区的省、市级粮食部门在地检查中央储备粮，组织 4 省（区）地市之间、地方粮食部门和中储粮系统之间进行交叉互查。国家有关部门联合抽查中采取粮食部门和中储粮系统交叉互查的方式，并调整质量扦样方式。建立中央储备粮监管部门之间的信息共享机制，成立国家有关部门和单位组成的黑龙江等 4 省（区）粮食库存联合抽查工作领导小组，共同推动联合抽查工作。

在粮食流通统计制度改革方面，全面实施新修订的粮食流通统计制度，统计业务实现归口管理，网上直报系统投入试运行，统计制度改革基本完成，统一、精简、准确、管用的粮食流通统计体系初步形成，服务宏观调控决策的水平进一步提高。

同时，科学核定地方粮食储备规模，区域市场调控能力进一步增强。启动实施科研项目督导评估新机制，积极推进新一轮粮食科技体制改革。加快行业人才体制改革，建立健全激励机制，为行业人才培养提供制度保障。大幅减少行政审批事项，切实提高审批效率和服务水平。

## 专栏 《粮食安全省长责任制考核办法》概要

为深入贯彻落实新形势下的国家粮食安全战略，全面落实地方粮食安全主体责任，切实保障国家粮食安全，把粮食安全省长责任制明确的各项政策措施落到实处，2015年11月，国务院办公厅印发《粮食安全省长责任制考核办法》（国办发〔2015〕80号），明确粮食安全省长责任制考核主体、原则、内容、程序和结果运用等事项，对建立粮食安全省长责任制考核机制作出全面部署。

办法是推动落实粮食安全省长责任制的重要举措。2014年底，国务院出台《关于建立健全粮食安全省长责任制的若干意见》（国发〔2014〕69号），第一次以专门文件明确了各省级人民政府在维护国家粮食安全方面的事权与责任，要求建立健全粮食安全省长责任制。粮食安全是实现经济发展、社会稳定和国家安全的重要基石。解决好13亿人口的吃饭问题，始终是治国理政的头等大事。在我国资源约束日益加大、粮食需求一定时期内刚性增长和粮食供求长期处于紧平衡的情况下，建立健全粮食安全省长责任制是维护国家粮食安全的重要举措。党中央国务院一直高度重视省级人民政府粮食安全责任落实工作，早在1994年国务院就提出我国粮食管理实行中央统一领导、地方分级负责的体制，并首次明确实行省、自治区、直辖市人民政府领导负责制，随后又出台了一系列文件强调落实好这项制度。由于之前的文件对省级人民政府的粮食安全责任规定不够明确，特别是缺乏硬性的考核和奖惩机制，造成地方过度依靠中央，保护农民利益、保障粮食安全的担子主要压在中央身上，省级人民政府保障粮食安全的责任没有真正落到实处。因此，必须建立并逐步完善考核机制，进一步强化地方政府的粮食安全意识和责任，推动各省（区、市）人民政府全面加强本地区粮食生产、储备和流通能力建设，真正建立起在国家宏观调控下省级人民政府对粮食生产、流通和安全全面负责的体制。

办法第一次以专门文件明确省级人民政府的粮食安全责任考核。在之前国务院文件中，也曾提出过“建立有效的粮食安全监督检查和绩效考核机制”的要求，但是由于散见于不同文件之中，加大了落实难度，影响了实施的效果。这次国务院办公厅专门出台办法，明确国务院作为考核主体，考核内容则涵盖了意见中规定的各省（区、市）人民政府应承担的粮食生产、流通、消费等各环节的粮食安全责任，并且进行年度考核，充分表明党中央、国务院对建立健全粮食安全省长责任制、保障国家粮食安全的高度重视。

在监督考核机制上更严格、更严肃。办法明确，考核结果要交由中央干部主管部门，作为对各省（区、市）人民政府主要负责人和领导班子综合考核评价的重要参考。对于考核结果不合格的，要在考核结果通报后一个月内，向国务院作出书面报告，提出整改措施与时限；逾期整改不到位的，由有关部门约谈该省（区、市）人民政府有关负责人，必要时由国务院领导同志约谈该省（区、市）人民政府主要负责人。对因不履行职责、存在重大工作失误等对粮食市场及社会稳定造成严重影响的，要依法依纪追究相关责任人的责任。

更加突出考核工作的科学性、可操作性。《办法》明确，坚持统一协调与分工负责相结合、全面监督与重点考核相结合、定量评价与定性评估相结合。考核工作由发展改革委、农业部、粮食局牵头，有关部门既分工负责，又密切配合，结合各部门日常工作对省级人民政府粮食安全省长责任制落实情况进行监督检查。为增强考核工作的科学性，办法对粮食主产区和非主产区分别确定考核内容的分值权重。

办法依据粮食安全省长责任制的重点内容制定。在明确粮食安全省长责任制考核目的、对象、组织和原则的基础上，对监督检查、考核内容、评分办法、实施步骤、结果运用、工作要求等具体事项作了明确规定，是粮食安全责任的分解和细化，为全面贯彻落实粮食安全省长责任制奠定了重要的制度基础。一是坚持全面监督与重点考核相结合，对省级人民政府落实粮食安全主体责任情况，由国务院各相关部门根据职责分工结合日常工作进行监督检查，对提高粮食生产能力等六个方面进行重点考核。二是坚持定量评价与定性评价相结合，对于建立完善粮食安全省长责任制制度方面的硬性要求和相关工作的刚性规定，采取量化打分的方式进行考核；对于有关指导性目标和引导性工作要求，采取定性评价的方式进行考核。三是坚持统一协调与分工负责相结合，明确由国务院对各省（区、市）人民政府粮食安全省长责任制落实情况进行考核，由发展改革委、农业部、粮食局会同有关部门和单位组成考核工作组负责具体实施，工作组办公室设在粮食局，承担考核日常工作。

对各省级人民政府落实粮食安全责任情况进行全面考核。办法规定的考核内容包括增强粮食可持续生产能力、保护种粮积极性、增强地方粮食储备能力、保障粮食市场供应、确保粮食质量安全和落实保障措施 6 个方面。

增强粮食可持续生产能力是考核指标体系中分数比重最高的一项，考核内容包括确保耕地面积基本稳定、质量不下降，粮食生产稳定发展，粮食可持续生产能力不断增强，重点考核事项包括保护耕地和提高粮食生产能力。

保护种粮积极性方面，考核内容包括财政对扶持粮食生产和流通的投入合理增长，提高种粮比较收益，落实粮食收购政策，不出现卖粮难，重点考核事项包括落实和完善粮食扶持政策、抓好粮食收购。

增强地方粮食储备能力方面，考核内容包括落实地方粮食储备，增强粮食仓储能力，加强监督管理，确保地方储备粮数量真实、质量安全，重点考核事项包括加强粮食仓储物流设施建设和管理、管好地方粮食储备。

保障粮食市场供应方面，考核内容包括完善粮食调控和监管体系，保障粮食市场供应和价格基本稳定，不出现脱销断档，维护粮食市场秩序；完善粮食应急保障体系，及时处置突发事件，确保粮食应急供应。重点考核事项包括粮油供应网络建设、政策性粮食联网交易、完善粮食应急预案、粮食应急供应、加工网点及配套系统建设、落实成品粮油储备等。

确保粮食质量安全和落实保障措施方面，考核内容包括加强耕地污染防治，提高粮食质量安全检验监测能力和超标粮食处置能力，禁止不符合食品安全标准的粮食流入口粮市场；按照保障粮食安全的要求，落实农业、粮食等相关行政主管部门的职责任务，确保责任落实、人员落实。重点考核事项包括加强源头治理、健全粮食质量安全监管保障体系、加强粮食风险基金管理、落实工作责任等。

办法还要求，各省（区、市）人民政府要根据本办法，结合各自实际情况，制定本地区落实粮食安全省长责任制考核办法。

## 二　粮食收储机制改革

### （一）政策性粮食购销机制改革

2015 年，明确小麦、早籼稻和中晚稻收购实行“四个共同”，即由中储粮各有关分公司、省级粮食行政管理部门、农业发展银行省级分行共同确定委托收储库点、共同组织验收、共同对收购粮食的数量质量和库存管理及销售出库负责、共同落实好最低收购价政策。鼓励符合资格条件的各类市场主体平等参与政策性收储，充分利用社会仓储资源，避免出现农民“卖粮难”。同时，东北地区中晚稻收购启动时间比往年提前 20 多天，结束时间提前至 2 月底。

在总结近几年经验的基础上，国家粮食局会同有关部门修改完善收储政策。小麦、早籼稻、中晚稻最低收购价预案实现“三合一”；油菜籽收购交由地方政府组织实施，价格主要由市场供求形成，中央财政对湖北、四川、湖南、安徽、江苏、河南、贵州 7 个主产省予以适当补贴；进一步改革完善玉米临时收储政策，在下调临储价格的基础上，严格收购质量标准，增加中航工业集团作为辅助收储主体，缓解收储压力，政策公布和启动时间均比往年大幅提前，在逐步解决价格扭曲问题的同时，促进了收储工作平稳开展。

强化地方政府抓粮食收储的责任，指导督促地方抓好质量不达标粮食的收购。安徽、湖北、河南等省采取省级临储、加工补贴、购置设备等措施抓好不完善粒超标小麦收购，粮食安全省长责任制得到进一步落实。内蒙古、辽宁、吉林、黑龙江等地积极采取措施抓好生霉粒超标玉米收购，截至 2016 年 4 月 30 日，累计收购生霉粒超标玉米 900 万吨，占 4 省（区）玉米收购总量的 5.7%。

### （二）适当增加地方储备规模

国家有关部门核定的地方粮食储备规模计划下达地方后，各地高度重视，结合本地区实际，及时分解下达规模计划，积极落实仓容、资金等各项保障措施，增储工作进展总体顺利，并积累了许多好经验、好做法。国家粮食局及时将增储情况向各省作了反馈。地方粮食储备规模计划尚未到位的省份正抓紧采购粮源，有序推进各项工作。

## 三　粮食流通统计制度改革

2015 年，各级粮食行政管理部门贯彻落实《关于深化粮食流通统计制度改革的实施意见》，积极推进统计制度改革，统计数据质量和统计执行能力显著提升。

### （一）稳妥推进统计职能归口管理

结合职能调整，国家粮食局实行了统计归口管理，制订了《粮食流通统计工作实施方案》，明确了职责分工，粮食购销存统计、粮油加工业统计、仓储设施和投资统计、机构和从业人员统计、粮食科技统计全部由调控司承担，解决了统计工作多头管理、数出多门等问题。各地和有关中央企业也建立了与国家粮食局统计归口管理相适应的统计工作机制，山西、上海、河南、湖北、西藏、青海都实现了统计归口，未归口的省份大多明确了牵头单位。

### （二）扎实做好网络直报准备工作

为实现企业网上直报统计报表，国家粮食局统一组织开发了“国家粮油统计信息系统”，选择部分省份试运行，组织了3期统计人员培训，为2016年全面实行企业网上直报做好充分准备。粮食行业统计调查对象通过网络直接报送基础统计数据，是粮食流通统计管理模式和报表报送方式的重大变革，大大减轻了基层统计人员负担，提高了工作效率和数据质量。

### （三）进一步提升统计服务水平

契合粮食流通形势动态发展变化，跟踪了解粮油市场热点和敏感问题，首次开展接新前农户存粮专项调查，增设东北地区生霉粒玉米收购进度统计，继续加大大豆目标价格改革试点地区市场价格信息监测力度。加快服务型统计建设，强化统计咨询职能，优化统计信息推送内容，畅通信息发布渠道，不断扩大统计信息发送范围。定期通过网站、刊物等平台发布粮食统计信息，正确引导粮食生产、流通和消费，积极为企业和社会提供信息服务。

## 四 国有粮食企业改革

近年来，随着新一轮国有企业改革的不断深化和推进，各地在推进国有粮食企业改革工作过程中，主动适应和引领经济发展新常态，针对国有粮食企业经营机制不活、市场竞争力不强、管理水平落后等问题，审时度势、因势而为，找准关键问题，采取有效措施，以组建粮食集团公司、发展混合所有制经济、转变企业经营模式、打造知名品牌为重点，不断创新体制机制，改进管理方式，完善企业制度，国有粮食企业市场竞争力进一步增强、管理水平进一步提高，改革取得显著成效。“十二五”时期累计盈利377亿元。2015年，国有粮食企业统算盈利78亿元，全国国有粮食企业户数为11872户，同比减少274户；职工人数为42.19万人，同比减少1.09万人。

### （一）国有粮食企业改革进展情况

实施兼并重组，组建粮食集团公司。各地以“一县一企、一企多点”为指导，坚持以国有粮食企业为骨干，通过兼并重组，促进优质资源向国有粮食企业集中，组建了一批综合实力强、竞争影响力高的集团公司，有效增强了国有粮食企业综合竞争力和市场影响力。

优化资源配置，积极发展混合所有制。各地按照国有粮食企业功能定位、行业特点等因素，积极探索发展混合所有制粮食经济的可行模式和有效途径，通过参股民营企业、引入民营资本等方式，合理配置资源，促进经营合作，发展了一批国有控股、民营参股的混合所有制粮食企业，国有粮食企业综合实力进一步增强，干部队伍得到优化，员工积极性得到提高，企业健康稳步发展。

延伸产业链条，转变企业经营模式。各地按照现代化粮食流通经营方式，结合国有粮食企业经营现状，积极发展现代粮食流通业态，提升产业化经营水平，努力转变收原粮、卖原粮的单一经营模式。通过构建粮源采购网、实施“退城进郊”战略、开展“互联网＋粮食”、建设粮食产业园区、推动主食产业化和放心粮油工程等方式，拓展经营空间，延伸产业链，有效实现国有粮食企业多元化发展和产业化经营。

打造知名品牌，提升企业知名度。各地大力实施粮油名牌战略，以保证优质粮源为前提、以提高生产能力为保障、以拓展销售渠道为手段，通过着力打造优质特色粮油名牌产品来赢得市场，促进企业增效，形成了一批知名度高、具有影响力的国内粮油知名品牌，切实提高了企业知名度。

争取政府支持，创造良好改革环境。各地粮食行政管理部门把推进国有粮食企业改革摆上重要议事日程，积极向当地政府汇报，与有关部门沟通协调，竭力争取对国有粮食企业的政策、资金支持。31个省（区、市）均已出台贯彻落实粮食安全省长责任制的实施意见，对国有粮食企业改革工作也提出了相应措施及政策。此外，为确保改革工作顺利推进，一些省份还根据中央有关国有企业改革的总体部署，结合当地实际情况，出台了国有粮食企业改革相关文件。

### （二）下一阶段推进国有粮食企业改革的措施

国有粮食企业改革正处于关键时期，企业经营发展还面临较大困难，主要是国有粮食企业活力不强，市场竞争力比较弱，盈利基础不牢靠等。下一步，要按照中央关于深化国有企业改革的要求，加强分类指导，突出提质增效，重点抓好以下工作：

加强国有粮食企业分类指导。一是继续实施“一县一企、一企多点”模式，以县级骨干粮库为主体，促进资产、资源向优势粮食企业集中，鼓励实行跨区域兼并重组，组建公司制、股份制粮食企业，培育一批辐射范围大、带动力强、具有国际竞争力的国有骨干粮食企业。二是对于基础实力强、市场前景好、管理水平高、增长潜力大的粮食加工转化企业积极扶持，培育发展大型产业集团。三是鼓励国有粮食企业引进非国有资本，积极稳妥发展混合所有制经济，激发企业经营活力。四是对于长期亏损、资产负债率高、停产半停产的“僵尸企业”实施兼并重组，稳妥处置企业职工。

引导国有粮食企业创新经营方式和模式。一

是指导国有粮食企业加快转变经营发展方式，灵活开展自主经营，发展“互联网+粮食”、粮油连锁经营等新型粮食经营业务，扩大经营范围，延伸产业链条，增加经营效益。二是鼓励具备条件的国有粮食企业向收购、仓储、物流、加工、销售等一体化发展，打造粮食知名品牌，扩大市场影响力。三是鼓励粮食企业与新型农业生产经营主体合作，提供产前、产中、产后服务，提高粮食生产经营的组织化、产业化和社会化程度。

激发企业活力和强化监管相结合。深化国有粮食企业改革，要遵循市场经济规律和企业发展规律，坚持政企分开、政资分开、所有权与经营权分离，坚持权利、义务、责任相统一，坚持激励机制和约束机制相结合，增强企业活力，创造力和市场竞争力，促使国有粮食企业真正成为依法自主经营、自负盈亏、自担风险、自我约束、自我发展的独立市场主体。同时，要强化企业监管，坚持党对国有粮食企业的领导，充分发挥企业党组织政治核心作用，使国有粮食企业成为自觉履行社会责任的表率，确保国有资产保值增值。

# 第八部分

## 粮食科技与人才发展

# 一 粮油标准化

2015年，国家粮食局紧紧围绕行业重点工作，结合粮油标准化工作实际，积极开展各项工作，粮油标准化工作水平得到进一步提升。

## （一）认真执行政策性粮食收购质价政策，确保政策性粮食收购顺利进行

### 1. 小麦不完善粒超标问题

2015年，小麦在收获期间受天气影响，部分地区小麦发芽，导致不完善粒超标，安徽、河南、湖北、新疆等省（区）相继建议放宽收购标准，国家粮食局积极与发展改革委、财政部、农业发展银行等有关部门进行沟通协调，明确由各省级人民政府按照《国务院关于建立健全粮食安全省长责任制的若干意见》（国发〔2014〕69号）精神，做好不完善粒超标小麦的收购处置工作，相关省级政府在第一时间出台处置方案，减少了农民的损失。

### 2. 东北玉米生霉粒问题

为保证东北地区临储玉米收购工作顺利进行，保护农民利益，认真开展各项有关工作。一是研究制定《玉米生霉粒检验判定标准有关技术问题说明》。通过印发各地实施，提高玉米生霉粒检验的一致性和准确性，解决玉米生霉粒判定标准尺度不好掌握的问题。二是开展东北地区新收获玉米质量专报工作。要求相关省（区）粮食局动态监测玉米生霉粒情况并以每10个自然日为节点，开展质量专报，以及时掌握2015年东北地区新收获玉米生霉粒等质量变化情况。三是加强收购标准和质价政策宣传。制作玉米标准视频宣传片，要求各地采取网络、电视和印刷宣传品等方式，向农民、粮食经纪人和收购库点宣传玉米生霉粒检验标准，了解和掌握生霉粒判定尺度，消除可能存在的对标准的误解，尽量减少发生退车绕道卖粮情况。

## （二）积极开展标准制修订工作，不断完善粮油标准体系

### 1. 做好2015年标准制修订工作

根据当前粮食行业发展需要，为做好标准制修订工作，国家粮食局急行业之所急，想行业之所需，向国家标准委申报2015年度粮油国家标准制修订计划项目92项，分两批下达2015年度粮油标准制修订计划127项（其中：国家标准36项，行业标准91项）。正式发布40项标准，其中《玉米储存品质判定规则》和《大豆储存品质判定规则》等国家标准9项，《库存粮食识别代码标准》等行业标准31项；报批《粮食仓库建设标准》等国家和行业标准29项（其中：国家标准21项，行业标准8项）；组织审定国家标准和行业标准55项。

### 2. 开展重点标准制修订工作

一是修订玉米和大豆国家标准，更好地

引导农民调整种植结构和加强生产管理，促进农民增产增收和粮食资源合理利用。二是制定《进口大米粒型分类与检验方法》行业标准，促进大米国际贸易健康发展，维护国家和消费者利益。三是发布《库存粮食识别代码》，积极促进行业信息化建设，稳步推进“智慧粮食”建设。四是修订《粮食仓库建设标准》和制定《简易仓囤储粮技术规程》行业标准，规范粮食仓库建设和简易仓囤储粮技术管理，确保储粮安全。

3. 大力推广节粮减损新技术、新措施

一是积极申报《大米加工操作技术规范》和《米粉（线）加工良好操作规范》标准制修订计划，完善粮油加工标准体系，引导和规范企业适度加工。二是改进大米、面粉加工精度实物标准。推荐的标准样品等级均采用加工精度下限加工而成，旨在最大限度地保留粮食中固有营养成分，减少过度加工，充分利用粮食资源。

### （三）贯彻落实国务院《深化标准化工作改革方案》，推进粮油标准化工作改革

2015 年 3 月，国务院发布《深化标准化工作改革方案》，国家粮食局从我国粮食标准化工作现状出发，批准立项 2015 年政策性研究课题《粮食行业标准化工作改革的初探》，通过采取专家研讨、实地调研、资料查询等方式，起草课题研究报告，报告详细分析了我国粮食标准化存在问题，明确了改革总体目标，提出了改革具体措施，为粮油标准化工作改革的顺利推进奠定了良好基础。2015 年 8 月，课题研究成果顺利转化，研究制定了《国家粮食局关于贯彻实施〈国务院深化标准化工作改革〉的意见》，印发各地实施。

### （四）进一步开展标准研究验证和后评估工作，为粮食质量安全把关提供技术手段

一是针对当前粮食收购中存在的突出问题，有针对性地组织开展了适用于稻谷收购的重金属镉快速测定技术的标准适用性评估，为推进粮食收购现场建立质量安全指标检验把关制度奠定了基础。二是开展粮食质量和品质指标检测仪器标准适用性验证，掌握检测仪器准确性，进一步提高检测方法标准的科学性。三是组织开展新制修订标准验证工作，安排 27 个标准验证机构对 18 项新标准进行验证测试。开展玉米粉基呕吐毒素和玉米赤霉烯酮等标准物质验证定值工作，促进实物标准样品制备、评审、发布程序的优化改革。

### （五）积极开展粮油标准化国际合作，参与国际标准化活动能力进一步增强

2015 年，国家粮食局认真履行粮油国际标准化工作职责，积极开展国际合作，稳步推进国际标准制修订，粮油国际标准化工作水平得到进一步提高。

积极开展粮油标准化国际合作。推动落实 2014 年北京 APEC 会议《北京宣言》批准的“APEC 增强粮食质量安全和标准互通行动计划”，制订实施方案，派员参加 2015 年菲律宾 APEC PPFS 系列会议，代表国家粮食局向参会代表介绍推动落实该行动计划的具体措施，获得各经济体支持，已与美国、俄罗

斯、加拿大、澳大利亚、泰国、菲律宾等11个经济体建立合作关系，共同开展APEC粮食质量标准对比研究，促进标准互联互通。

稳步推进谷物与豆类国际标准化工作。2015年发布国际标准6项，立项新标准4项，推进在研制修订项目5项，复审标准9项。其中《ISO 5527:2015 谷物 词汇》标准以英语、法语、德语、拉丁语和汉语五种语言发布，这也是继《ISO 5526:2013 谷类、豆类和其他食用粮食 术语》标准后，汉语版本再次出现在粮食国际标准中。聚焦战略性重大标准，积极推进由我国主导制修订的《玉米 规格》和《谷物和谷物制品中赭曲霉毒素A含量的测定—免疫亲和净化荧光检测高效液相色谱法》项目至新的工作阶段。加强分委员会在粮食质量安全检测技术领域工作，成立真菌毒素工作组，工作组专家由中国、德国、韩国和波兰专家组成，我国专家担任工作组召集人。

认真履行国际标准化组织成员职责。作为谷物与豆类分委员会和动植物油脂分委员会的国内技术对口单位，组织国内粮食行业和质检行业专家跟踪研究各阶段标准文件，分析国际标准化的发展趋势和工作动态。全年共完成33项标准制修订文件投票和评议，完成9项委员会投票，注册两名专家为工作组专家，提名6人次专家参与国际标准制定工作。

## 二 粮食信息化

2015年，行业信息化建设更加突出“符合规范、需求导向、注重实效”，从重视设备设施的“硬投入”向重视软硬件系统协同推进，更加重视软件功能转变；从局部信息化示范点建设向行业整体规划、互联互通转变；从各司室独立建设、自成体系向统筹协调、数据共享转变。注重运用现代信息技术改造传统粮食行业，全力提升粮食企业生产经营管理、粮食部门调控监管服务的信息化水平。

进一步加强行业信息化建设的顶层设计。经过对行业信息化总体目标的深入研究和信息化建设先进省份的调研分析，国家粮食局制定印发了《关于规范粮食行业信息化建设的意见》，明确了国家及省级粮食管理平台、粮库智能化升级改造、粮食交易中心和现货批发市场电子商务信息一体化平台、重点粮食加工企业信息化改造、粮食应急配送中心信息化建设，简称“1+1+4”的行业信息化重点建设内容。根据行业信息化发展的动向，为统一技术规范，实现互联互通，组织科研院校、先进省份和行业专家，启动了《粮食出入库业务信息系统技术规范》等20项行业信息化标准的制定工作。2016年，《粮食行业

“十三五”发展规划纲要》及《粮食行业信息化发展“十三五”规划》陆续出台，形成行业信息化顶层设计理论体系，从战略的高度保障信息化建设的规范化和系统化。国家粮食局提出了统一规划、统一管理、统一设计、统一建设、统一运维的“五统一”的信息化推进原则，明确了规划财务司负责牵头、规划和资金审核，办公室负责统一协调，信息中心负责技术支撑的“三位一体”管理模式，明确了信息化建设总体原则和具体分工，压实了主体责任。

地方粮食部门信息化建设步伐加快。大部分省份制订了信息化发展规划，开发建设了电子政务、市场监测预警、应急保供、质量追溯、远程监管等信息系统。很多省份进一步明确了信息化建设的组织架构和具体落实部门，开展了省内涉粮数据共享、云计算、大数据等先进信息技术的应用创新，制定了地方粮食行业信息化标准，统一技术要求。2015 年，在财政部的大力支持下，中央财政补助 6.2 亿元，采取地方财政配套、企业自筹补充的方式，开展了江苏、河南、湖南 3 个试点省份粮安工程粮库智能化升级改造项目。2016 年将在总结试点省份成功经验的基础上，进一步加大财政资金支持力度，启动 14 个省份粮库智能化升级改造项目，拉开行业信息化全面建设的大幕。

重点业务领域信息化取得实质性进展。国家粮食局办公自动化系统投入试运行，提高了机关办公的效率和智能化水平，为全局性信息化系统建设积累了经验。国家粮油统计信息系统的投入运行，实现入统企业网上信息直报，采用扁平化信息报送方式，减轻了基层统计人员负担，为行业信息化总体架构的形成进行了探索。全国粮食统一竞价交易平台即将上线运行，有利于进一步优化粮食流通环节，提高粮食流通效率，降低粮食交易成本，增强企业竞争力，为粮食行政管理部门全面准确掌握粮食交易信息，实施更加精准科学高效的市场调控发挥了重要作用。

2015 年，各地信息化建设在重点领域取得明显突破。以智能粮库为主要内容的信息化建设，将出入库、仓储管理等基础功能和多功能粮情检测、智能通风、气调储粮、智能安防、屋顶光伏等自动控制系统集成整合，形成粮库业务全覆盖、信息数据全集中、业务流程全自动的综合智能粮库系统。我买网、京粮网、买粮网、粮宝宝、良粮网等网上商城纷纷涌现，推动了传统集贸式交易方式向电子商务和线上线下融合方式转变。在行业信息化建设强烈需求推动下，市场培育出一批技术实力雄厚、熟悉粮食行业的软件开发和系统集成公司，涌现出一批将传统制造业和信息技术融合的现代粮机装备生产企业。

# 三 粮食科技创新

贯彻创新驱动发展战略和全国粮食科技创新大会精神，深入实施“科技兴粮工程”，顺应中央科技计划管理体制改革要求，在完善粮食科技体制机制，提高科技自主创新能力等方面取得了明显成效。

## （一）深化粮食科技体制机制改革取得新进展

### 1. 研究制定和实施指导意见，明确行业科技体制改革方向

落实国家科技体制改革要求，国家粮食局印发《关于深化粮食科技体制改革和加快创新体系建设的指导意见》，深入推进粮食科技管理、项目立项、科技创新团队人才评估激励等机制改革，聚焦产业发展需求，创新科研组织方式，强化项目督导评估，探索从研发管理向创新服务转变，营造科学严谨、求真务实、激发活力的良好粮食科技创新环境。加强粮食科技人才培育，继续培育行业青年科技领军人才，研拟《粮食青年科技英才管理办法》。

### 2. 加大科技项目全面督导评估监管力度

落实《国务院关于改进加强中央财政科研项目和资金管理的若干意见》精神，按照中央财政科技计划管理改革方案要求，加强粮食公益性科研专项 19 个项目的全程督导管理，组织了近年来规模最大、范围最广的督导评估中期检查，及时发现了一些倾向性问题，提出了改进加强项目管理的措施建议。召开了 19 次督导评估检查会，帮扶项目梳理研究思路，纠正研究偏差，确保成果落地实用。完善科技项目督导评估机制和办法，研究拟定《粮食科技项目督导评估管理试行办法》，落实国家“大众创业万众创新”的政策和促进科技成果转化，研究制订了《促进粮食企业科技创新工作方案》《粮食行业科技成果转化推广方案》。

### 3. 谋划粮食科技 2016 年重点专项

作为国家科技计划管理部际联席会议 33 个成员单位之一，谋划了国家重点研发计划 2016 年优先启动重点专项设计工作，粮食科研的重点需求得到了保障。加强顶层设计，聚焦国家战略需求，围绕全局中心工作，广泛征集科技需求，开展了重大科技问题调研和座谈，研究、梳理形成了 106 项行业重点科研任务建议。按全链条设计，向科技部报送了“粮食收储减损增效重点专项”和“粮油加工节粮提质增效关键技术与装备研发示范”等 2 项 2016 年国家重点研发计划重点任务建议。经科技部咨询评估委员会评议和部际联席会审议，“现代食品加工及粮食收储运技术与装备”已列为 2016 年国家重点研发计划优先启动重点专项，其中“粮食收储保质降耗关键技术研究与装备开发”等 4 个项目已纳入 2016 年第一批启动。

### 4. 研编“十三五”粮食行业科技创新规划战略研究报告

经深入调查研究，形成了绿色安全储粮、粮食质量安全、粮食高效物流、粮油加工与营养健康、粮食加工装备及粮食信息化等6个领域专题报告及总报告，凝练提出44项重点研究任务，初步提出“十三五”粮食行业科技创新发展目标、主攻方向、重点任务。

## （二）粮食科技重点项目立项和实施取得新成效

### 1. 启动实施2015年粮食公益性行业科研专项6个重点项目

立足产业需求，围绕实施“粮安工程”，采取顶层设计、公开申报、择优支持的方式，启动“主要真菌毒素、重金属污染粮油的安全合理利用技术研究”等6项重点项目立项工作，中央财政预算1.57亿元，组织各项目牵头单位签订了《任务书》。2015年25个在研粮食公益性行业科研专项项目总预算1.59亿元。三年公益专项共计25个项目，总预算5.26亿元，项目总体进展顺利。“十二五”国家科技支撑计划“玉米及其加工副产物中玉米赤霉烯酮和脱氧雪腐镰刀烯醇消解技术研究及示范”项目立项启动实施，中央财政预算873万元。

### 2. 粮食科研项目取得阶段性成果

粮食公益性行业科研专项已获得知识产权类成果126件，基地及生产线等67个（条）等。“储粮通风、临界温湿度及水分控制技术研究”项目获得了大量基础数据，完善了粮堆横向通风理论和储粮新技术，结合千亿斤仓容建设，在浙江等省30多个粮库开展了应用试点。“粮食中真菌毒素脱除与卫生污染物监控技术研究”项目成果有效消减小麦加工副产物真菌毒素含量，完成了4000吨的工业化试验。

### 3.“‘镉大米’安全加工利用关键技术”研发取得新突破

“主要真菌毒素、重金属污染粮油的安全合理利用技术研究”项目中的“稻米中重金属湿法消减及无害化处理研究”课题组，加大技术攻关和产业化开发，建成了日处理大米10吨生产线并通过成果评审。在研究成果的基础上提出了突破在线检测、优化工艺装备等建议。

### 4. 农转资金项目顺利完成验收

对“低酸价花生油吸附脱酸工程化技术中试”等5个2013年度农业科技成果转化资金项目进行了现场考察和验收，项目均达到了考核指标要求，项目创造经济产值1500万元以上。

### 5.“国家粮食储运监管物联网应用示范工程”项目发挥示范作用

江苏省粮食局、中储粮总公司、深粮集团、北大荒集团及庆安东禾公司等建设单位已完成总项目投资的55%，初步建成了53个示范库，另有44个库点正在稳步推进。探索了不同类型粮库物联网技术应用模式，在区域示范库之间已经实现了信息的互联互通，为数字粮库和粮库智能化升级改造和流通高效监管打下了良好的基础。“基于物联网的国家粮食仓储数量检测系统研发及产业化项目”等3项物联网技术研发及产业化专项项目进展基本顺利，并将进入验收期。

### （三）开展爱粮节粮科普宣传活动成效明显

国家粮食局会同教育部、全国妇联、中国科协举办了“爱粮节粮，健康消费——粮食科普进家庭进学校”为主题的第十届2015年全国粮食科技活动周。组织中粮集团在湖北省仙桃市举办了以“享舌尖好米，倡科技节粮”为主题的“水稻开耕文化节”大体验、“科技节粮，你我同行”参观工厂等系列宣传活动。在中国农业大学举办了“爱粮节粮进校园活动”。会同科技部等部委组织“科技列车丹东行”活动，发放100多套农户储粮仓。邀请中国工程院院士、北京工商大学校长孙宝国教授和中国营养学会理事长杨月欣作了“食品添加剂与食品安全之管见”“从营养健康观点看食物浪费和预防措施建议”专题科普讲座。会同中国科协为宁夏回族自治区粮食局等10家单位颁发“爱粮节粮优秀科普作品”证书。活动期间共组织了8000名志愿者走进20多万个家庭和3000多个社区，累计宣传受众237万人，全国30多家主流媒体累计发表103篇报道。

### （四）粮食科技创新平台建设取得新进展

粮食产后领域5个国家级工程实验室已基本建成，完成项目总投资5.14亿元。小麦玉米加工、稻谷及副产物深加工、粮食发酵工艺与技术等工程实验室已按期完成验收，突破了小麦清洁制粉、酶法提取低聚糖等关键技术，开发了实验磨粉机等关键装备，推动了科技成果转化和产业化。13个国家粮食工程技术研究中心和3个局重点实验室建设进展顺利。

# 专栏　2015 年粮食公益性行业科研专项

2015 年粮食公益性行业科研专项是在国家科技体制改革全面深化的背景下启动的，为落实《国务院关于改进加强中央财政科研项目和资金管理的若干意见》（国发〔2014〕11 号），结合深化粮食科技体制改革要求，探索了项目组织方式的改革创新，立项项目较好地聚焦了行业重大问题。

## （一）项目立项组织

### 1. 强化顶层设计聚焦重大需求

以聚焦行业重大科技需求为导向，以提高公益项目研究的系统性、针对性和实用性为目标，在广泛征集有关方面意见的基础上，研究提出行业发展急需解决的重大科技问题，形成了 11 个研究项目。同时，完善项目指南和发布机制。提交粮食公益科研专项管理咨询委员会审议论证后，形成了《2015 年项目申报指南》。

### 2. 公开择优遴选承担单位效果良好

公开征选优势科研团队，4 月 29 日正式公开发布了项目指南，明确了承担资质条件，强化项目申报单位法人责任，鼓励强强联合，规范行政管理部门行为，避免“拉郎配”。为广泛征集优势团队，申报时间延长至 30 天。按照公开、公平、公正的原则，通过“自由申报、答辩评审、公开择优”等程序确定项目承担单位。在 27 个申报团队的基础上，经 6 月 4 ~ 5 日的项目评审，确定了 11 个项目的研究团队。

### 3. 规范项目立项评审程序确保客观公正

改革评审方式，建立项目评审专家库，成立了评审工作协调监督组，请监察局派员全程监督会议筹备及评审过程，于项目建议书评审会前一天随机抽取评审专家，采取专家观看录制 PPT 和电话质询、独立打分、封闭式评审的方式，现场唱票并公布结果，及时宣布评审结果，保证了项目评审的客观和公正。

### 4. 方案和预算评审

为确保项目目标可靠性，9 月 4 ~ 5 日组织实施方案和预算评审，技术专家和财务专家各分两组，对项目进行了细致评审，之后各项目单位按专家评审意见，进行了修改完善。

## （二）项目情况

共立项 6 个项目，具体为：粮食绿色生态储粮领域 2 个项目，即粮堆多场耦合模型调控与区域标准化应用研究（由局科研院牵头），我国储粮虫螨区系调查与虫情监测预报技术研究（由中储粮成都粮食储藏科学研究所牵头）；节粮减损领域 2 个项目，即碾米制粉制油节粮节能智能新装备研发与示范（由无锡中粮工程科技有限公司牵头），粮食产后损失浪费调查及评估技术研究（由南京财经大学牵头）；粮情监测与行业信息化领域 1 个项目，即基于大数据的“智慧粮食”平台关键技术研究（由中国国信信息总公司牵头）；粮油质量安全领域1个项目，即主要真菌毒素、重金属污染粮油的安全合理利用技术研究（由局科研院牵头）。

## （三）项目表

### 2015年粮食公益性行业科研专项项目情况一览表

| 项目编号 | 项目名称 | 承担单位 |
|---|---|---|
| 201513001 | 粮堆多场耦合模型调控与区域标准化应用研究 | 国家粮食局科学研究院、河南工业大学、国贸工程设计院 |
| 201513002 | 我国储粮虫螨区系调查与虫情监测预报技术研究 | 中储粮成都粮食储藏科学研究所、河南工业大学、北京邮电大学、国家粮食局科学研究院、南京财经大学 |
| 201513003 | 碾米制粉制油节粮节能智能新装备研发与示范 | 无锡中粮工程科技有限公司、国粮武汉科学研究设计院有限公司、河南工业大学、湖北永祥粮食机械股份有限公司、西安中粮工程研究设计院有限公司、国家粮食局科学研究院 |
| 201513004 | 粮食产后损失浪费调查及评估技术研究 | 南京财经大学、中国农业大学、武汉轻工大学、中储粮成都粮食储藏科学研究所、国贸工程设计院、江南大学、国家粮食局科学研究院 |
| 201513005 | 基于大数据的“智慧粮食”平台关键技术研究 | 中国国信信息总公司、国家粮食局科学研究院、国贸工程设计院、天云融创数据科技（北京）有限公司 |
| 201513006 | 主要真菌毒素、重金属污染粮油的安全合理利用技术研究 | 国家粮食局科学研究院、中国农业科学院油料作物研究所、武汉轻工大学 |

# 四　粮食人才发展

### （一）粮食机构和人员数量基本稳定

近年来，粮食行业统筹行业发展和人才队伍建设，推进人才发展体制机制改革。通过出台相关政策，推动粮食产业经济发展，提高粮食行业的经济活力，吸引更多人才选择投身粮食行业，营造良好的行业氛围。近三年来，行业机构和从业人员数量总体维持不变，但从机构来看，行政机关数量有所减少，非国有企业数量逐年增加；从人员构成来看，行政机关、事业单位和国有及国有控股企业人才数量有所减少，非国有企业人才数量逐年增加。

### （二）粮食行业人才整体素质进一步提高

大力实施“人才兴粮”战略，努力建设高素质人才队伍，为粮食行业的科学可持续发展提供人才保障和智力支撑。不断完善人才培养工作机制，探索人才发展体制机制创新，引进高层次人才，鼓励高新技术创新，创造良好的环境留住人才。不断加强行业培训，全面提高从业人员素质，效果比较明显。大学专科及以上的高学历人才占人才总数比例持续增长，占从业人员的三分之一；技术工人占人才总数的23%，较上一年增长6.1%；人员年龄有所改善，35岁及以下人才占人才总数的33.0%，同比增长2.7%。

### （三）粮食行业培训力度进一步加大

培训范围和对象不断扩大。加强了对各级粮食部门干部的政治培训、法律培训和专业培训，努力营造粮食行业风清气正、用于担当、做实事干实绩的良好氛围，为粮食行业的发展提供坚实的政治基础和组织保障。加大了对业务技术人员的培训力度，结合时代发展提出的新要求，根据各地实际，举办专题培训班，加强粮食业务知识学习。培训方式实现多样化，在原有传统培训方式的基础上，积极探索新媒体培训等方式，通过与高等院校、科研单位和大型企业的联合，促进粮食行业人才与时俱进，不断开拓创新。2015年，全国粮食行业共举办培训班76410次，培训989789人，与往年相比，取得较大增长。

### （四）粮食行业对专业人才的需求进一步增加

由于教育体制改革和前些年粮食流通体制改革的影响，原来培养粮食行业人才的院校粮食专业逐渐萎缩，专门人才越来越少。近年来，粮食专业大中专毕业生供不应求，不能满足行业需求。为解决这一问题，各地采取了一些切实可行的措施，比如，浙江省粮食局与浙江农林大学合作，设置粮油储检专业，将招生与浙江省粮食系统公开招聘工作人员并轨进行，学生毕业后到定向培养企业就职；湖北省粮食局在湖北大学知行学院开展仓储与检测专科学历教育，面向基层粮食职工单独招生；安徽省组织所属两所职业院校，在全省建档立卡贫困户中招收学生，免费就读粮食职业院校后回原籍粮食企业就业。通过这些措施，一定程度上缓解了粮食专业人才的供需矛盾。

# 专栏 人才兴粮工程

## 一、高层次专业技术人才知识更新工程

高层次专业技术人才知识更新工作有序推进，举办了2期高层次专业技术人才研修班，粮食行业100余名具有高级职称的专业技术的人才参加了培训。高层次专业技术人才队伍建设取得新成绩，重新组建国家粮食局自然科学研究系列、工程系列高级职称评审委员会，接收行业内企事业单位委托开展评审工作，共有17人取得正高级职称，15人取得副高级职称。高层次人才后备队伍建设不断加强，服务粮食行业特殊需求博士人才培养项目新录取博士研究生15名。

## 二、党政人才能力提升工程

党政人才队伍建设不断加强，全年全行业共举办5000余期党政人才培训班，12万余人次参加了监督检查、财会统计、仓储管理和质量安全等业务培训班和市、县粮食局长培训班。

## 三、高技能人才培养工程

高技能人才培训工作不断加强，全年共举办9期技师、高级技师研修班，400余名高技能人才参加研修。积极探索选拔行业高技能人才的新方式，发挥高技能人才示范带动作用，研究制定了《全国粮食行业技能拔尖人才选拔使用管理实施办法》，选拔产生了14名技能拔尖人才，以中央财政补助的方式，资助其建立技能拔尖人才工作室。产教融合不断深化，技能人才后备人才队伍建设取得新成绩。2015年，按照教育部关于教指委换届的工作安排，广泛遴选，完成新一届粮食行业教指委换届工作，换届后企业委员人数占到47%，委员结构进一步优化。职业院校师资队伍建设取得新实效，结合委托专业课教材开发、教学案例库建设等工作，组织21名粮食职业院校骨干教师赴企业实践锻炼，进一步提高了教师实践锻炼针对性。依托行业企业优势资源，积极深化职业教育改革创新。完成《高等职业学校专业目录》修订工作，把粮食专业从“轻纺食品大类”中独立出来，设立“食品药品和粮食大类”，提升学科分类层级，为粮食学科发展奠定了良好基础。

# 第九部分

## 粮食节约

# 一 节粮减损行动

国家粮食局把促进节粮减损、反对粮食浪费作为一项经常性、全局性、长期性工作，着力减少粮食储运等各个环节损失，广泛开展爱粮节粮公益宣传，取得明显成效。

## （一）着力减少粮食储运等各个环节损失

经国务院同意，国家发展改革委、国家粮食局、财政部正式印发《粮食收储供应安全保障工程建设规划（2015～2020年）》，把节粮减损作为重要内容实施。新建1000亿斤仓容的投入使用，在一定程度上缓解了部分地区仓容紧缺问题，减少了储粮损失。国家粮食局会同财政部进一步加大“危仓老库”维修改造力度，维修改造后的仓容有效改善了基层收储设施条件，储粮损失率明显下降。同时，加强东北地区简易仓囤储粮的监管指导，印发《关于切实做好2015年秋粮收购和秋季安全储粮工作并开展专项检查的通知》，组织开展了秋季储粮安全督查，确保了储粮安全、减少了粮食损失。积极推进粮食现代物流体系建设，加强粮食物流重要节点建设，提升散粮发运接卸能力，减少运输环节损失。继续实施农户科学储粮专项建设，支持15个省（区、市）建设75.3万套标准化储粮装具，累计为全国26个省（区、市）农户配置了892万套装具，全部装具投入使用可存粮1550万吨，每年可减少储粮损失约100万吨。

## （二）广泛开展爱粮节粮公益宣传

一是面向广大农村开展“兴粮惠农进万家”活动。在2015年世界粮食日和全国爱粮节粮宣传周期间，国家粮食局会同农业、科技、共青团、妇联等部门在全国范围内开展了“兴粮惠农进万家”活动，组织机关工作人员、农业科技专家、涉农院校大学生等，走村入户、深入田间地头，宣传国家粮食政策，调研秋粮收购工作开展情况，深入了解并解决种粮农民存在的困难和问题；开展爱粮节粮宣传，推广普及节粮减损知识和技术；发掘先进典型，集中宣传了一批先进人物和事迹。二是面向家庭居民开展了“全国粮食科技活动周”科普活动。国家粮食局会同有关部门成功举办“爱粮节粮，健康消费——粮食科普进家庭进学校”为主题的2015年全国粮食科技活动周系列宣传活动。全国30个省（区、市）及200多个地级市的相关部门，中国农业大学、清华大学、武汉轻工大学、南京财经大学等近6000所学校积极开展了宣传活动，共组织8000名志愿者走进20多万个家庭、3000多个社区，累计接受咨询48万人次、受众237万人，培训农民12万人次，全国30多家主流媒体刊载新闻报道103篇，网络转载93.5万条。通过系列活动，面向全社会广泛宣传了爱粮节粮理念。

# 二　爱粮节粮活动

2015年，为贯彻落实党的十八大和十八届三中、四中、五中全会精神和全国粮食流通工作会议精神，按照中办、国办有关文件要求，国家粮食局创新组织开展世界粮食日和全国爱粮节粮宣传周、公共机构节能周等主题活动，深入打造“节约一粒粮”宣传教育活动品牌，爱粮节粮宣传效果显著。

## （一）紧扣爱粮节粮主题，组织开展世界粮食日和全国爱粮节粮宣传周活动

2015年“世界粮食日”和“全国爱粮节”粮宣传周期间，国家粮食局会同农业、科技、共青团、妇联等部门和组织在全国范围内开展“兴粮惠农进万家”活动，组织机关工作人员、农业科技专家、涉农院校大学生等，走村入户、深入田间地头，开展爱粮节粮宣传，推广普及节粮减损知识和技术；发掘先进典型，集中宣传一批在保障国家粮食安全中的先进人物和事迹。据统计，全国共有4000多个工作小组、2万多人，走进10万多个村组、50多万家农户开展活动，共发放主题宣传册917010套、宣传品98070套，举办专题讲座1244次，与农民座谈交流39463次，现场进行技术指导3174次。部分省份还结合实际开展了节粮主题涂色、“小手牵大手”爱粮节粮亲子体验、科学储粮咨询等特色活动。

## （二）开展形式多样的爱粮节粮主题活动，推动建立爱粮节粮宣传教育长效机制

国家粮食局与国管局、教育部、共青团中央等部门联合主办2015年公共机构节能宣传作品征集活动，面向全国各高校和高中阶段教育学校广大师生，以“节电、节水、节粮”为重点征集宣传作品。全国共有1431所学校报送作品19804件，共评出平面设计、视频两类作品一、二、三等奖，优秀作品奖和专家提名奖150件，其中“节粮”作品43件。活动反响强烈、成效显著，通过公共交通工具（公交、地铁）、报纸、门户网站、展会等多种渠道加强优秀获奖作品应用，深化爱粮节粮宣传效果。

# 专栏 2015年世界粮食日和全国爱粮节粮宣传周

2015年10月16日是第35个世界粮食日，所在周是第25个全国爱粮节粮宣传周。2015年世界粮食日的主题是“社会保护与农业：打破农村贫困恶性循环”。紧扣这一主题，我们把2015年全国爱粮节粮宣传周的主题确定为“兴粮惠农进万家”。由各级粮食部门会同农业、科技、共青团、妇联等部门和组织，组织机关工作人员、农业科技专家、涉农院校大学生等，走村入户、深入田间地头，宣传国家粮食政策，调研秋粮收购工作开展情况，深入了解并解决种粮农民存在的困难和问题；开展爱粮节粮宣传，推广普及节粮减损知识和技术；发掘先进典型，集中宣传一批在保障国家粮食安全中的先进人物和事迹。同时，作为“三严三实”专题教育的一项具体实践，促进粮食等相关部门进一步树立群众观念，转变工作作风。

## （一）宣传国家粮食政策

全国共有4000多个工作小组、2万多人，走进10万多个村组、50多万家农户，面向农民群众举办专题讲座1244次，与农民座谈交流39463次，深入宣传国家粮食政策，重点宣传讲解国家粮食生产扶持政策、鼓励措施，以及粮食收购质价标准、粮油市场信息等。实地调研了解秋粮收购工作开展情况、国家粮食收购政策落实情况等。

## （二）普及节粮减损知识

通过专题讲座、互动解答、现场指导等方式，向农民讲解粮食生产、收获、运输、保管等方面科技知识，增强农民的节粮减损意识、改进节粮减损方法、提高节粮减损技能。共向农民发放储粮温湿度计、粮食政策与粮食生产储藏知识宣传册、爱粮节粮科普视频光盘、节粮小器具等主题宣传品98070套，节粮减损主题宣传册917010套，进行现场技术指导3174次。充分发挥妇女在爱粮节粮方面的特殊作用，组织开展“节粮巧妇”评选活动，深入挖掘、层层推荐在家庭节粮方面作出贡献的优秀妇女典型。

## （三）倾听农民群众心声

把“兴粮惠农进万家”活动作为巩固党的群众路线教育实践活动成果、践行“三严三实”要求的具体行动，深入到乡村农户、田间地头对粮食问题进行摸底调研，认真倾听农民对粮食政策的意见建议，深入了解粮食安全方面存在的矛盾和隐患。共征集到农民对粮食政策的意见建议100余条，全部汇总整理后分送有关主管部门用作政策制定参考。

## （四）宣传报道先进典型

在走村入户过程中，发掘粮食生产、流通、节粮减损等方面先进典型，利用“爱粮节粮宣传周”进行集中宣传报道。部分省份还结合实际开展了节粮主题涂色、“小手牵大手”爱粮节粮亲子体验、科学储粮咨询等特色活动。

此次活动既是对国家兴粮惠农政策的一次大宣传，是对“三农”和粮食工作的一次大调研，也是践行党的群众路线和“三严三实”要求的一次大实践，得到农民群众和基层干部的广泛好评，受到社会各界的广泛关注。据统计，中央和省级电视媒体共报道爱粮节粮宣传周活动相关消息62条，时长16小时45分；纸质媒体共报道消息102条；电台报道消息46条，时长12小时24分；网站、微博、论坛等媒体转载报道17000余条；市县级媒体报道消息2000余条。

# 第十部分

## 粮食对外开放

# 一 粮油进出口

## （一）粮食

2015年全球粮食生产再获丰收，供应充足而需求疲软，同时美元不断升值，受此影响，国际市场粮价持续低位运行。据联合国粮农组织统计，2015年全球谷物产量达25.3亿吨，比上年减少140万吨，仍为历史第二高水平。我国粮食连续十二年增产，谷物供应充足，库存大幅增加，国内粮食市场消费需求不旺，玉米等部分品种呈现阶段性供大于求。小麦、稻谷、玉米三大主粮价格同比均有所回落，价格大幅高于国际市场。2015年我国粮食进口继续增加、出口继续减少。

### 1. 粮食进口增加

据海关统计，2015年我国进口粮食12477.5万吨（包括谷物、豆类及薯类），比上年增加2435.1万吨，增长24.2%。

（1）大豆。由于国内豆粕需求较旺，而国际市场大豆价格大幅下跌，大豆压榨企业采购进口大豆积极性较高。全年大豆进口8169.2万吨，比上年增加1029.3万吨。进口大豆占粮食进口总量的65.5%。其中从巴西、美国进口分别占49%和35%。

（2）小麦。由于国产优质强筋小麦供应偏紧，企业通过进口满足加工需要，全年进口小麦300.6万吨，比上年增加0.2万吨。其中加拿大、澳大利亚小麦分别占33%和42%。

（3）玉米。进口玉米473万吨，比上年增加213.1万吨，主要是企业将2014年部分配额结转到2015年使用，国内外市场价差扩大也导致进口大幅增加，从乌克兰、美国进口分别占81%和10%。

（4）大米。由于国际大米价格仍大幅低于国内，2015年我国进口大米337.7万吨，比上年增加79.8万吨。进口大米基本上都是东南亚地区籼米，其中从越南、泰国、巴基斯坦进口分别占53%、28%、13%。

另外，值得关注的是，2015年高粱、大麦和玉米酒糟粕（DDGS）等非关税配额管理商品进口进一步大幅增加。全年进口高粱1070万吨、大麦1073.2万吨、玉米酒糟粕682万吨，比上年分别增加492.4万吨、531.9万吨、140.9万吨。主要是由于国内外粮食价差较大，一些企业在玉米等配额管理品种进口受限的情况下，转向增加进口这些非配额管理品种用作饲料。

### 2. 粮食出口减少

由于国际市场粮价普遍低于国内，我国粮食出口继续维持较低水平。2015年出口粮食163.5万吨，比上年减少47.9万吨，为1997年以来最低水平。其中，大米28.7万吨，减少13.2万吨，向韩国出口57%。小麦12.2万吨，减少6.8万吨，销往中国香港的占75%。玉米1.1万吨，减少0.9万吨。

### （二）食用油

2015年世界油料增产，油脂供应充足，价格总体低于上年。2015年我国食用油进口676.5万吨，比上年增加26.3万吨。其中，棕榈油431.2万吨，比上年增加34.3万吨；豆油81.8万吨，比上年减少31.7万吨。油菜籽改由地方政府负责组织收购后，企业减少了油菜籽的进口。2015年，我国进口油菜籽447.1万吨，比上年减少61.1万吨；进口菜籽油81.5万吨，比上年增加0.5万吨。

我国食用油出口较少。2015年出口13.5万吨，比上年增加0.1万吨。分品种看，豆油出口10.4万吨，增加0.4万吨，占出口总量的77%。

## 二　对外交流与合作

2015年，国家粮食局围绕粮食行业中心任务，积极开展粮食领域的对外交流与合作，积极参与亚太经济合作组织（APEC）粮食安全领域事务，推动落实APEC粮食安全面向2020年路线图（2014年版）和APEC粮食安全商业计划（2014～2020），努力帮助“走出去”的粮油企业解决存在的实际问题。

### （一）接待国外来访团组

2015年许多外国政府高级粮农代表团拜访国家粮食局，国家粮食局领导分别会见了印度尼西亚国有企业部部长，澳大利亚农业和水利部副部长，加拿大农业与农业食品部副部长，国际谷物理事会理事长等率领的外国政府和国际组织高级代表团，还接待了加拿大谷物委员会副主任，法国粮食出口协会主席，由美国、加拿大、阿根廷、巴西、乌拉圭、巴拉圭等国大豆协会组成的国际大豆种植者联盟（ISGA）代表团，澳大利亚默多克大学副校长，澳大利亚植物生物安全合作研究中心董事长等外国粮油协会，机构和跨国企业高级代表团。2015年国家粮食局共接待国外来访团组25个，来访外宾近200人次。通过会谈和交流，加深了来宾对我国粮油生产、消费、贸易、储藏、加工、质检和科技等情况的了解，进一步加强了国家粮食局与外国粮食主管部门、协会和大企业的合作。

### （二）帮助“走出去”的粮油企业解决问题

为了积极实施国家农业“走出去”发展战略，国家粮食局采取多种措施帮助粮油企业“走出去”。一是主动向国务院鼓励农业企业“走出去”部际联席会议办公室和国家发展改革委农村经济司有关领导汇报粮油企业“走出去”的情况、目前遇到的困难，以及希望有关部门帮助解决的问题。二是将帮助“走出去”的粮油企业解决问题作为国家粮食局领导出访的一项重要内容。国家粮食局领导分别深入天津聚龙集团在印度尼西亚的棕榈园、棕榈油厂调研，与在柬埔寨的重庆益鸿农业开发集团、广东农垦集团的负责人，与在匈牙利的江苏牧羊集团代表座谈，了解他们在国外投资和经营的情况，以及存在的问题，借与印尼、柬埔寨、匈牙利有关政府部门会谈之机，提出希望促其帮助解决这些问题。三是帮助已“走出去”的粮油企业牵线搭桥，寻找合作伙伴，共同开发在国外的项目。国家粮食局领导在调研天津聚龙集团在印尼投资和经营的情况后，联系国家开发银行和中国投资公司有关负责人，协调和帮助聚龙集团解决、筹集资金，进一步扩大投资等问题。

### （三）促进粮食领域的对外交流与合作

2015 年，国家粮食局积极拓展粮食领域的对外交流与合作。经过国家粮食局外事司与加拿大驻华使馆多次协商，在 6 月份加拿大农业与农业食品部副部长率团访华时，国家粮食局与加拿大谷物委员会签署了合作意向书；同时，国家粮食局科学研究院与加拿大国际谷物研究院签署了合作谅解备忘录。至此中加两国在粮食领域的交流与合作进一步加深，在粮食储藏、加工、物流、标准质量和粮油科技合作等方面取得更深更广的成效。

国家粮食局科学研究院与澳大利亚默多克大学、澳大利亚植物生物安全合作研究中心签订成立“中澳粮食产后生物与质量安全联合研究中心”协议。促进了中澳双方在粮食科技、生态储粮、绿色储粮和节粮减损等领域开展交流与合作。

国家粮食局还选派相关人员，赴巴西参加第 3 届拉丁美洲谷物大会暨国际谷物科技协会成立 60 周年庆典学术研讨会及相关会议；赴印度参加国际食品法典委员会第 9 届会议；赴日本参加全球最新粮油质检技术及粮油质检仪器研发研讨会以及东京国际食品工业展；赴法国参加国际标准组织食品技术委员会第 9 次主席顾问团会议；赴美国参加美国油脂化学家学会第 106 届年会；赴文莱参加东亚大米储备理事会第 3 次会议；赴英国参加国际谷物理事大会；赴瑞士参加全球谷物日内瓦大会；赴赞比亚参加国际真菌毒素大会非洲论坛；赴印度尼西亚参加亚洲粮食和饲料峰会；赴美国参加 2015 年国际谷物化学家学会年会；赴德国参加国际植物保护大会；赴加拿大参加中加生态储粮研究中心年会；赴澳大利亚参加第 12 届国际面筋蛋白生物技术研讨会；赴澳大利亚参加 2015 年墨尔本谷物行业大会等。参加国际会议的代表在会上介绍我国的粮食情况，阐明国家粮食局对世界粮食形势的看法和对有关问题的立场，扩大了我国在国际粮食领域的影响。一些科技人员还分别赴美国、德国、捷克、奥地利等国进行短期粮油科技合作研究和交流。

2015 年，国家粮食局作为 APEC 粮食安全政策伙伴关系机制（PPFS）中方政府代表，根据外交部的安排，派员赴菲律宾参加了 APEC—PPFS 有关会议，以及 APEC 粮食安全周有关活动。国家粮食局参会人员积极提出落实 APEC 粮食安全面向 2020 年路线图（2014 年版）和 APEC 粮食安全商业计划（2014 ~ 2020）的建议和意见，建议得到有关经济体参会代表的支持，并写入 2015 年 APEC 领导人宣言。

### （四）实施引进国外智力项目，借鉴国外粮食科学技术和管理经验

2015 年，为提高我国粮食质量和标准化工作水平、解决粮食综合加工利用、油脂技术开发以及粮食储藏先进技术等方面的问题，国家粮食局向国家外国专家局申请引进国外技术、管理人才项目共 6 项，合计聘请外国专家 57 人次，资助引智项目经费 72 万元。

引智工作获得了丰硕的成果。如国家粮食局科学研究院的“粮食质量安全技术研究”引智项目，分别邀请了奥地利维也纳科技大学、法国农业科学院和法国卡昂大学的三位教授，对粮科院将开展的真菌毒素的代谢组学研究和微生物碳代谢机制研究进行了指导；外国专家对粮科院标准物质的研发提出了许多宝贵的意见，对院技术人员完善标准物质的制作工艺有很大帮助，也对真菌毒素基体标准物质的赋值工作有较大的借鉴意义。外国专家还带来了与实验密切相关的实验材料，通过交流和指导，使相关科技人员更加深入地了解微生物培养过程中碳代谢机制及其阻遏机理，对今后开展这方面的研究和实验有很大帮助。此引智项目的实施，进一步拓宽了相关领域研究人员的学术视野、丰富了研究方法，对粮科院在粮食生物污染的监测、风险评估和控制、储粮虫霉防治方面的研究工作有重要意义，有助于构建我国粮食质量安全监测技术体系及开发新型高效、绿色储粮虫霉防治药剂。

在实施引智项目过程中，项目单位严格执行国家外专局的有关规定，缜密策划，精心组织，实施好这些项目，取得了较好的成效。通过这些引智项目的执行，项目单位与国外粮油科研机构建立起了良好的合作关系，及时了解和掌握国外最新的粮油科技成果与动态，有效地解决了当前我国粮油产业和科研中面临的一些问题，促进了我国粮油科技水平的提高。

### （五）组织出访合作和出国（境）培训项目

为了深化我国粮食流通体制改革，借鉴国（境）外粮食宏观管理政策和经验，加强在粮食储藏、流通、质量检测、科技、加工和贸易等方面的对外交流与合作，2015 年国家粮食局领导分别率团赴印度尼西亚、柬埔寨、阿根廷、秘鲁、匈牙利、瑞典、英国、瑞士等国家，开展与之在粮食流通体制和粮食管理政策的交流，在粮食储藏、质量检测和加工等方面的合作，取得了丰硕成果。

2015 年，经国家外国专家局批准，国家粮食局实施了 3 个培训项目，即调控司赴美国“粮食收购政策的设计及实施”培训项目，规划财务司赴法国“粮食产业发展和政府支持政策”培训项目，监督检查司赴德国“粮食企业信用体系建设”培训项目。在执行培训项目过程中，各组团单位严格遵守国家有关出国（境）培训项目的规定，认真研究和设计培训内容，合理安排培训计划，严格选拔培训人员。通过赴国（境）外培训，参训人员了解了国（境）外的先进技术和经验，开阔了眼界，增长了知识，为提高我国粮食管理与储粮技术水平起到了积极的促进作用。

# 附录

# 一 2015年大事记

## 一月

1月8～9日，经国务院批准，全国粮食流通工作会议在北京召开。会议学习贯彻党的十八大和十八届三中、四中全会和中央经济工作会议、中央农村工作会议精神，总结交流2014年粮食流通工作，分析研判面临的新形势，研究部署2015年粮食流通工作；表彰全国粮食系统先进集体、先进工作者和劳动模范。国家发展改革委党组书记、主任徐绍史传达了李克强总理和张高丽、汪洋副总理对粮食流通工作的重要批示，并作重要讲话。国家粮食局党组书记、局长任正晓作工作报告。国家公务员局党组成员、副局长吴云华代表人力资源和社会保障部宣读了《人力资源社会保障部、国家粮食局关于表彰全国粮食系统先进集体、先进工作者和劳动模范的决定》。徐鸣同志作总结讲话。曾丽瑛、吴子丹、赵中权、卢景波同志出席会议。

1月14日，国家粮食局召开局党组会议，传达学习习近平总书记的重要讲话和十八届中央纪委五次全会精神，结合粮食部门实际，研究部署贯彻落实的具体措施。一是加强党的纪律建设，严明党的政治纪律和政治规矩。二是深入推动党风廉政建设“两个责任”的落实。三是加强对执行中央八项规定精神情况的监督，驰而不息纠正“四风”。四是加强监督检查，全面提升监督实效。五是坚持以“零容忍”态度惩治腐败。任正晓同志主持，徐鸣、曾丽瑛、吴子丹、赵中权、卢景波同志出席。

1月16日，国家粮食局召开局领导班子专题民主生活会，任正晓同志代表局党组进行对照检查，徐鸣、曾丽瑛、吴子丹、赵中权、卢景波等局领导班子成员分别进行个人对照检查，并开展相互批评。中央第26督导组组长李铁林出席指导并作点评和讲话。

1月22日，任正晓同志和徐鸣、曾丽瑛、吴子丹、赵中权、卢景波同志与中储粮总公司赵双连董事长、吕军总经理商谈工作。

1月23日，国家粮食局召开局党组会议，传达全国组织部长会议精神，研究有关人事工作。任正晓同志主持，徐鸣、曾丽瑛、吴子丹、赵中权、卢景波同志出席。

1月23日，任正晓同志与中央农办韩俊副主任商谈粮食工作。

1月29日，国家粮食局召开2014年度全局工作总结大会。任正晓同志代表领导班子作年度述职报告。赵中权同志传达了习近平总书记在中央纪委全会上的重要讲话和十八届中央纪委第五次全会精神。徐鸣、曾丽瑛、吴子丹、卢景波同志出席。

## 二月

2月5日，为保护农民利益，防止“谷贱伤农”，2015年国家继续在稻谷主产区实行最低收购价政策。综合考虑生产成本、市场供求、比较效益、国际市场价格和产业发展等各方面因素，经国务院批准，2015年生产的早籼稻（三等，下同）、中晚籼稻和粳稻最低收购价格分别为每50公斤135元、138元和155元，保持2014年水平不变。

2月6日，全国粮食系统纪检监察工作座谈会在福建福州召开。会议主要内容是总结交流2014年粮食系统党风廉政建设工作情况，部署2015年全面落实党风廉政建设监督责任工作。赵中权同志出席会议并讲话。

2月15日，国家粮食局召开局党组会议，传达学习国务院第三次廉政工作会议精神，中央国家机关第二十九次党的工作会议暨第二十七次纪检工作会议精神，通报2014年度局党组民主生活会情况，审议《2015年国家粮食局党风廉政建设和反腐败工作实施意见》，研究有关人事工作。任正晓同志主持，徐鸣、曾丽瑛、吴子丹、赵中权、卢景波同志出席。

2月16日，为认真贯彻落实《国务院关于建立健全粮食安全省长责任制的若干意见》，推动各地全面落实粮食安全责任，国家粮食局印发《关于贯彻落实〈国务院关于建立健全粮食安全省长责任制的若干意见〉的指导意见》。要求：一是准确把握意见内涵，积极主动推动省级人民政府尽快制定粮食安全省长责任制的实施意见；二是认真履行部门职责，创造性地落实粮食部门牵头负责的各项任务；三是加强统筹协调，全面推进粮食安全省长责任制的贯彻落实。

2月27日，国家粮食局发布2015年第1号通告，通告发布了推荐性行业标准样品：2015年度大米、小麦粉加工精度标准样品和小麦硬度指数和稻谷整精米率标准样品。以上行业标准样品有效期：2015年4月1日～2016年3月31日。

2月28日，国家粮食局召开局长办公会议，通报局党组成员部分工作分工调整情况，审议国家粮食局2015年会议计划，审议国家粮食局2015年度培训计划，听取关于国家粮食局专项资产清查工作情况的汇报。任正晓同志主持，徐鸣、曾丽瑛、吴子丹、赵中权、卢景波同志出席。

## 三月

3月1日～6月5日，任正晓同志到中央党校参加第5期省部级干部“中国特色社会主义理论体系”高级研修班学习。

3月9日，国家粮食局局长任正晓会见印度尼西亚国有企业部部长莉尼·苏玛尔诺一行。任正晓局长向印尼来宾简要介绍了中国粮食安全形势和粮食生产、储藏和加工等方面情况。莉尼部长对中国用有限的耕地解决了13亿人的吃饭问题表示钦佩，她希望学习中国在粮食储藏和稻米加工方面的先进技术和经验，并欢迎中国企业到印尼开展大豆和玉米的种植。任正晓局长表示，中国和印尼两国在粮食生产、储藏、加工、标准制定、质量检测、科研等领域的交流与合作有着广阔的空间。欢迎印尼粮食行业的专家、技术人员和企业家来中国参观考察，商谈具体的合作方式及项目，实现合作共赢。

3月18～19日，全国粮食质量安全监管工作会议在贵州贵阳召开。会议主要内容是学习领会党中央、国务院关于做好粮食质量安全工作的决策精神，落实粮食流通工作会议部署要求，总结交流工作，研究部署任务。会前，任正晓同志作出批示，充分肯定2014年粮食质量安全监管工作取得的成绩，对2015年的工作提出了明确要求。吴子丹同志出席会议传达了任正晓同志的批示精神并讲话。

3月18～19日，全国粮食调控与统计工作会议在云南昆明召开。会议主要内容是贯彻落实全国粮食流通工作会议精神，总结交流2014年粮食调控与统计工作，研究分析粮食流通新形势、新问题，安排部署2015年工作任务，并会审汇编了2014年度全国粮油统计年报。会前，任正晓同志作出重要批示，充分肯定2014年粮食调控与统计工作所取得的成绩，对2015年的工作提出了明确要求。卢景波同志出席会议传达了任正晓同志的批示精神并讲话。

3月23日，经国务院同意，国家发展改革委、国家粮食局、财政部印发《粮食收储供应安全保障工程建设规划（2015～2020年）》。"粮食收储供应安全保障工程"的主要内容包括"建设粮油仓储设施、打通粮食物流通道、完善应急供应体系、保障粮油质量安全、强化粮情监测预警、促进粮食节约减损"等。

3月27日，为切实加强粮食库存管理，夯实国家粮食安全的物质基础，国家发展改革委、国家粮食局、财政部、中国农业发展银行决定，从2015年开始对现行粮食库存检查方式进行改革完善和优化。按照既体现改革精神，又要平稳过渡的原则，2015年安排对内蒙古、辽宁、吉林、黑龙江4省（自治区）的粮食库存进行重点检查，对其余各省（自治区、直辖市）的粮食库存进行例行检查。

3月27～28日，党组中心组以"严明党的政治纪律和政治规矩"为主题，组织第一季度集体学习。任正晓同志作总结讲话。徐鸣、吴子丹、赵中权、卢景波同志参加。

3月30日，全国人大农业与农村委员会主任委员陈建国带领调研组到国家粮食局专题调研粮食流通和粮食立法工作情况，全国人大农委副主任委员刘振伟和委员包克辛、曹维新、蒋省三、翟虎渠以及全国人大农委调研室有关负责同志一同参加了专题调研活动。任正晓同志向调研组简要汇报了当前的粮食流通工作和"粮食法"立法工作进展情况。国家粮食局有关司局负责同志按照调研组的要求，汇报了中央和地方粮食安全责任、粮食储备和调控、调动农民种粮和地方政府抓粮积极性等方面的情况。徐鸣、卢景波同志参加。

3月31日～4月1日，全国粮食财会工作会议在山西太原召开，会议主要内容是认真贯彻落实全国粮食流通工作会议精神，总结2014年全国粮食财会工作，会审汇编年度国有粮食企业会计决算报表，安排布置2015年工作。会前，任正晓同志对会议作出批示，吴子丹同志出席会议传达了任正晓同志的批示精神并讲话。

## 四月

4月1日，为有效利用社会粮食仓储设施，缓解部分地区国有或国有控股粮食企业仓容不足的矛盾，确保国家粮食收购政策落实和政策性粮食储存安全，国家发展和改革委员会、国家粮食局、财政部和中国农业发展银行制定印发了《租赁社会粮食仓储设施收储国家政策性粮食的指导意见（试行）》。

4月2～3日，全国粮食流通监督检查工作会议在福建福州召开。会议主要内容是总结2014年度粮食流通监督检查工作，分析当前粮食流通新形势新情况，安排部署2015年粮食流通监督检查工作等。会前，任正晓同志对会议作出的批示，对2014年粮食流通监督检查工作取得的成效给予了充分肯定，对各级粮食部门认真贯彻落实国发69号文件精神提出具体要求。吴子丹同志出席会议传达了任正晓同志的批示精神并讲话。

4月9～10日，全国粮食系统军粮供应工作会议在北京召开，会议主要内容是贯彻落实全国粮食流通工作会议精神，总结交流2014年军粮供应工作情况，研究分析军粮供应面临的新形势和新要求，安排部署2015年工作任务。会前，任正晓同志对会议作出批示，卢景波出席会议传达了任正晓同志的批示精神并讲话。

4月17日，中央电视台《新闻直播间》《焦点访谈》栏目先后报道了辽宁、吉林两省有的粮库在政策性粮食收储和销售出库过程中以陈粮顶新粮，恶意套取价差补贴，严重损害国家、种粮农民利益等问题。国家粮食局对此高度重视，第一时间作出部署，要求辽宁、吉林两省粮食部门立即对央视曝光企业的严重问题进行彻底核查，国家粮食局立即派出核查工作组赶赴两省现场督办，对违反国家粮食收储政策、套取新陈价差和国家补贴、坑害种粮农民利益的企业和责任人依法依纪严肃处理。

4月20日，国家发展改革委副主任何立峰到国家粮食局调研并座谈，任正晓、徐鸣、曾丽瑛、吴子丹、赵中权、卢景波同志及有关司室主要负责同志参加。

4月27日，国家粮食局召开局党组会议，传达学习中央"三严三实"专题教育工作座谈会精神，审议《中共国家粮食局党组关于在处级以上领导干部中开展"三严三实"专题教育实施方案》，传达学习中央纪委强化监督执纪问责，深入纠正"四风"电视电话会议精神，传达学习中央纪委派驻机构负责人会议精神，审议《国家粮食局党风廉政建设巡视监督工作办法》，研究有关人事工作。任正晓同志主持，徐鸣、曾丽瑛、吴子丹、赵中权、卢景波同志参加。

4月28日，2015年庆祝"五一"国际劳动节暨表彰全国劳动模范和先进工作者大会在北京人民大会堂隆重举行。中共中央总书记、国家主席、中央军委主席习近平在会上发表重要讲话。中共中央政治局常委、国务院总理李克强主持大会，张德江、俞正声、王岐山、张高丽同志出席会议，刘云山同志宣读表彰决定。2968名全国劳动模范和全国先进工作者接受表彰。粮食行业高玉树等13名同志获得全国劳动模范荣誉称号。

4月28～29日，全国粮食系统办公室工作会议在河南郑州召开，会议主要内容是传达学习中央领导同志关于做好办公厅（室）工作的重要指示和讲话精神，总结近年来粮食系统办公室工作情况，对下一步工作进行研究部署。任正晓同志对做好粮食系统办公室工作作出批示，徐鸣同志出席会议传达了任正晓同志的批示精神并讲话。

4月30日，为深入贯彻国家粮食安全战略，认真落实中共中央、国务院《关于深化体制机制改革加快实施创新驱动发展战略的若干意见》和《关于深化科技体制改革加快创新体系建设的意见》的决策部署，结合粮食流通工作实际，国家粮食局印发《关于深化粮食科技体制改革和加快创新体系建设的指导意见》。

## 五月

5月6～10日，全国粮食系统纪检监察干

部综合业务培训班在中央纪委监察部杭州培训中心举办。这次培训班的主题是：深入学习贯彻十八届中央纪委第五次全会精神和习近平总书记系列重要讲话精神，认真贯彻落实王岐山同志在加强中央纪委派驻机构建设培训班上的重要讲话精神，进一步提高粮食系统纪检监察干部履行监督执纪问责的能力。这次培训班是粮食系统首次委托专业的纪检监察培训机构进行的集中培训。70余名全国粮食部门纪检监察干部和驻局组局全体干部参加了培训。赵中权同志作开班动员讲话。

5月8日，国家粮食局召开“三严三实”专题教育动员部署大会，任正晓同志讲专题党课并作动员部署讲话。中央组织部、中央国家机关工委、国家发展改革委直属机关党委有关同志出席指导会议。徐鸣、曾丽瑛、吴子丹、卢景波同志出席。

5月18日，国家发展改革委、国家粮食局等6部门印发《2015年小麦和稻谷最低收购价执行预案的通知》。规定2015年白小麦、红小麦和混合小麦最低收购价格均为每市斤1.18元。执行区域：河北、江苏、安徽、山东、河南、湖北6省。执行期限:2015年5月21日至9月30日。早籼稻预案规定了2015年早籼稻最低收购价每市斤1.35元。执行区域：安徽、江西、湖北、湖南、广西5省（区）。执行期限：2015年7月16日至9月30日。中晚籼稻最低收购价每市斤1.38元，粳稻最低收购价每市斤1.55元。中晚稻最低收购价执行区域和执行时间为：江苏、安徽、江西、河南、湖北、湖南、广西、四川8省（区）2015年9月16日至2016年1月31日，辽宁、吉林、黑龙江3省2015年10月10日至2016年2月29日。

5月19日，全国夏季粮油收购工作会议在江苏南京召开，会议认真学习了夏粮收购政策，研究分析了夏粮生产、收购形势和价格走势，并对收购工作作出部署。卢景波同志出席会议并讲话。

5月27日，国家粮食局召开局党组会议，审议《国家粮食局司室单位机构职责调整工作方案》，研究有关人事工作。任正晓同志主持，徐鸣、曾丽瑛、吴子丹、赵中权、卢景波同志出席。

5月29日，国家粮食局局长任正晓与广西壮族自治区副主席张秀隆商谈粮食工作。

## 六月

6月12日，国家粮食局召开全局处以上党员干部、直属联系单位领导班子成员会议，传达《中共中央关于周永康违法犯罪案及其教训的通报》精神。任正晓同志主持，徐鸣、曾丽瑛、赵中权同志出席。

6月16日，全国政协常委、中国工程院院士、著名杂交水稻专家袁隆平先生专程到国家粮食局考察调研，国家粮食局党组书记、局长任正晓会见了袁隆平院士一行，并认真听取了袁隆平院士对促进粮食优质高产、保障国家粮食安全的见解和意见。

6月18日，国家粮食局局长任正晓会见加拿大农业与食品部副部长安德里亚•里昂一行，双方共同回顾了近几年中加两国在粮油贸易、科技、信息等方面所取得的丰硕成果，一致赞同进一步加深双方机构、企业、人员的交流、交往与合作，力争在粮食储藏、加工、物流、标准质量和粮油科技合作等方面取得更深更广的成效。曾丽瑛副局长代表国家粮食局签署与加拿大谷物委员会合作意向书。

6 月 18 日，为进一步完善油菜籽价格形成机制，充分发挥市场在资源配置中的决定性作用和更好地发挥政府宏观调控作用，促进油脂油料市场顺畅有序流通，推动油菜籽产业上下游协调发展，经国务院同意，国家发展改革委、国家粮食局等 5 部门印发《关于做好 2015 年油菜籽收购工作的通知》。

6 月 24 日，按照 2015 年全国食品安全宣传周活动的统一部署，“2015 年全国食品安全宣传周 • 粮食质量安全宣传日”活动在吉林长春举办。任正晓同志出席主会场活动并讲话。

6 月 30 日 ~ 7 月 1 日，国家粮食局党组召开“三严三实”专题教育第一专题集中学习研讨会暨中心组 2015 年第二季度集体学习。本次集中学习研讨围绕“三严三实”专题教育“严以修身”主题，与党组中心组第二季度集体学习、党组成员讲党课以及“庆七一”主题党日活动统筹安排、系统集成。局党组全体成员参加专题研讨暨集中学习。中央组织部、中央国家机关工委、国家发展改革委相关同志到会指导。

## 七月

7 月 2 日，国家粮食局局长任正晓与中国工程院院士孙宝国商谈工作。

7 月 3 日，国家粮食局与武警部队共同签署军民融合发展合作协议，就武警部队军粮应急保障开展深度合作，并在指导推动、优势互补、重点任务方向应急准备、保障措施等方面提出具体落实意见，确保武警部队遂行重大任务用粮需要和安全。此次武警部队与国家有关部门和单位首批签约军民融合项目合作协议有 12 个，标志着武警部队军民融合深度发展全面启动。国家粮食局副局长卢景波出席并签署了有关合作协议。

7 月 13 日，国家粮食局发布 2015 年第 3 号通告。通告发布了 7 项推荐性行业标准，其编号和名称如下：LS/T 3243—2015《DHA 藻油》；LS/T 3244—2015《全麦粉》；LS/T 3245—2015《藜麦米》；LS/T 6111—2015《粮油检验　粮食中黄曲霉毒素 B1 测定　胶体金快速定量法》；LS/T 6112—2015《粮食检验　粮食中玉米赤霉烯酮测定　胶体金快速定量法》；LS/T 6113—2015《粮油检验　粮食中脱氧雪腐镰刀菌烯醇测定　胶体金快速定量法》；LS/T 6114—2015《粮油检验　粮食中赭曲霉毒素 A 测定　胶体金快速定量法》。以上行业标准自发布之日起实施。

7 月 16 日，为切实维护国家粮食收购政策的严肃性，坚决遏制“打白条”等违法违规行为，国家粮食局印发《关于严格监管严肃查处向售粮农民“打白条”行为的紧急通知》。通知要求：一是各类粮食经营企业要不折不扣地执行好向售粮农户现款结算、不“打白条”的粮食收购政策；二是国家政策性粮食收购执行主体要切实担负起不向售粮农民“打白条”的主体责任；三是各级粮食行政管理部门要立即对各类粮食企业兑付粮款情况进行全面排查。

7 月 16 ~ 17 日，全国粮食局长座谈会暨粮食系统政策法规工作会议在广西南宁召开。会议主要内容是总结交流贯彻国家粮食安全战略、落实粮食安全省长责任制和全国粮食流通工作会议精神，推进粮食流通各项重点工作的进展情况，深入分析当前粮食流通工作面临的形势和存在的困难问题，研究提出推进2015年下半年及明年粮食流通工作的思路和具体措施。任正晓、徐鸣同志出席会议并讲话。

7月29日，全国粮食系统落实党风廉政建设监督责任工作座谈会在甘肃兰州召开，会议主要内容是认真传达学习王岐山同志近期关于加强和改进党的纪律审查工作的重要讲话，总结交流上半年粮食系统纪检监察机构落实党风廉政建设监督责任的情况，研究部署下半年工作思路和工作重点。赵中权同志主持会议并讲话。

## 八月

8月10日，国家粮食局发布2015年第1号公告。根据《中央储备粮代储资格认定办法》《中央储备粮代储资格认定办法实施细则》以及《中央储备粮代储资格延续申请办法》的规定，经审核，决定授予北京市张辛粮食储备库等149户企业中央储备粮代储资格，将北京市南郊粮食收储库等541户企业的中央储备粮代储资格延续至2020年7月，准予北京市南郊粮食收储库等212户企业变更中央储备粮代储资格事项。本决定自公告发布之日起生效。

8月10～31日，任正晓、徐鸣、曾丽瑛、赵中权、卢景波同志分别走访慰问国家粮食局在京的19名抗战老战士，为他们送上党中央、国务院颁发的抗战胜利70周年纪念章和慰问金，代表局党组对抗战老战士送去慰问品，并向他们表达崇高敬意和诚挚祝福。

8月17日，任正晓同志主持召开局党组会议，审议《关于全面落实党风廉政建设监督责任的实施意见》，审议《国家粮食局直属机关纪委纪律审查工作规程》，研究讨论机关司室“三定规定”方案及粮食行业协会与业务主管部门脱钩工作，研究有关人事任免事项。徐鸣、曾丽瑛、吴子丹、赵中权、卢景波同志出席。

8月20日，曾丽瑛同志代表局党组通报国家粮食局司室单位机构职责调整情况，并就从严从实做好工作交接及认真履行新“三定规定”要求作工作部署。任正晓同志和徐鸣、赵中权、卢景波同志出席。

8月31日，为贯彻落实国务院关于《深化标准化工作改革方案》的要求，根据粮食行业的实际，国家粮食局印发《关于贯彻实施国务院〈深化标准化工作改革方案〉的意见》。

## 九月

9月1日，国家粮食局举行仪式，任正晓同志为国家粮食局健在的抗战老战士代表颁发中央统一制作发放的“中国人民抗日战争胜利70周年”纪念章。

9月11日，任正晓同志主持召开局长办公会议，审议《粮食行业“十三五”规划编制工作方案》，听取关于2015年粮食流通改革进展情况及推进措施意见建议的汇报，听取国家粮食局安全和保密工作情况汇报，审议《国家粮食局信访突发事件应急预案》，审议关于追加中国粮食研究培训中心项目委托（购买服务）经费的建议。徐鸣、曾丽瑛、吴子丹、卢景波同志出席。

9月11日，任正晓同志主持召开党组中心组专题学习研讨暨党建工作领导小组第2次会议，学习刘云山在部分部门和省区市“三严三实”专题教育座谈会上的讲话，审议《关于在“三严三实”专题教育中开展向河北柏乡粮库学习活动实施方案》。徐鸣、曾丽瑛、吴子丹、卢景波同志出席。

9月18日，全国秋粮收购工作会议在黑龙江省哈尔滨市召开，分析研判秋粮收购形势，安排部署收购工作，卢景波同志主持会议并讲话。

9月18日，经国务院批准，2015年国家继续在东北三省和内蒙古自治区实施玉米临时收储政策。2015年国家临时存储玉米收购期限为2015年11月1日至2016年4月30日。收购价格为1元/斤，相邻等级之间差价按每市斤0.02元掌握。收购入库的国家临时收储玉米必须为2015年生产的国产玉米，符合国标等内品质量标准。具体质量标准按玉米国家标准（GB 1353—2009）执行。

9月24日，国家粮食局组织“三严三实”第二专题学习研讨暨第三季度中心组集体学习开课报告会，局党组成员、驻局纪检组组长赵中权围绕“严以律己”学习研讨主题，以《以违纪违法的反面典型为镜鉴，增强践行“三严三实”的思想和行动自觉》为题，为全局党员干部讲“三严三实”专题党课。局党组书记、局长任正晓及其他党组成员，局总工程师参加专题党课。党组成员、副局长、局直属机关党委书记徐鸣同志主持党课报告会。

9月24日，东北片区安全储粮和安全生产工作会在黑龙江哈尔滨召开，会议主要内容是分析研究当前东北地区粮食安全储存问题，动员和部署打好安全储粮和安全生产攻坚战。吴子丹同志出席会议并讲话。

9月29日，任正晓同志主持召开局长办公会议，传达贯彻第五次全国对口援疆工作会议精神，研究部署进一步做好粮食系统对口援疆工作，安排部署当前重点工作，审议《2015年秋粮收购和秋季安全储粮督查工作方案》。徐鸣、吴子丹、赵中权、卢景波同志参加。

## 十月

10月12日，为保护农民利益，防止“谷贱伤农”，2016年国家继续在小麦主产区实行最低收购价政策。综合考虑粮食生产成本、市场供求、国内外市场价格和粮食产业发展等各方面因素，经国务院批准，2016年生产的小麦（三等）最低收购价为每50公斤118元，保持2015年水平不变，以稳定粮食生产，促进粮食产业健康发展。

10月13日，国家粮食局发布2015年第4号通告。根据《中华人民共和国标准化法》《中华人民共和国食品安全法》等法律法规的规定，现废止1项推荐性行业标准，其编号和名称如下：LS/T 3213—1992《花色挂面》。上述标准自2016年1月1日起停止施行。

10月14～21日，国家粮食局派出由局领导带队的工作组，分赴内蒙古、辽宁、吉林、黑龙江、安徽、江西、河南、湖北、湖南、四川10个粮食主产省进行督察。针对当前秋粮收储压力大和储粮安全面临的突出矛盾和问题，工作组重点对秋粮收购情况、储粮安全和安全生产情况、仓储设施建设情况等开展了督察。指导各地粮食行政管理部门切实做好秋粮收购工作，督促粮食收储企业严格执行“五要五不准”粮食收购守则，决不允许给农民“打白条”，确保农民种粮卖得出；强化收储企业安全生产主体责任意识，加强安全储粮措施，防范发生安全生产和坏粮事故，确保粮安库安人安。督察组还对秋粮收购市场进行了调研，及时发现和掌握基层粮食企业出现的新动态、形成的新动能、创造的新经验。

10月16日，国家粮食局、农业部、科技部、共青团中央、全国妇联和联合国粮农组织在清华大学联合主办第35个世界粮食日和第25个全国爱粮节粮宣传周活动，举行“兴粮惠农进万家”活动启程仪式。在活动期间，全国将有4000多个工作小组、2万多人，走进10万多个村组、50多万家农户。任正晓、曾丽瑛同志出席活动启程仪式。

10月21日，任正晓同志主持召开局党组会议，传达学习《中共中央关于部分省市县党委书记违纪违法案件及其教训警示的通报》，审议《关于开展“守纪律讲规矩坚守廉政勤政”约谈提醒活动方案》，研究有关人事工作。徐鸣、曾丽瑛、吴子丹、赵中权、卢景波同志出席。

10月23～24日，全国粮食系统全面从严治党座谈会在湖北武汉召开。会议深入学习贯彻中央关于全面从严治党重大决策部署和习近平总书记系列重要讲话精神，交流各地落实全面从严治党要求、扎实开展“三严三实”专题教育情况，进一步强化共识、增强信心、坚持不懈，推动全面从严治党在粮食系统更好落地。徐鸣同志出席会议并讲话。

10月28日，国家粮食局发布2015年第2号公告。根据《国务院关于加强法治政府建设的意见》（国发〔2010〕33号）、《国家发展改革委办公厅关于开展规章和规范性文件全面清理的通知》（发改办法规〔2015〕638号），以及《国家粮食局关于粮食行政管理部门深入推进依法行政的意见》（国粮政〔2011〕148号）关于规范性文件定期清理的要求，国家粮食局对2000年至2015年3月底发布的规范性文件进行了清理。经清理，继续有效的规范性文件119件，宣布失效11件，废止15件。

10月30日和11月2日，国家粮食局召开局党组会议，传达学习党的十八届五中全会精神，中央组织部召开的培养选拔年轻干部和女干部、少数民族干部、党外干部工作座谈会精神，中央纪委关于五起党风廉政建设责任追究典型案件的通报精神。徐鸣、曾丽瑛、吴子丹、卢景波同志出席。

## 十一月

11月3日，经国务院同意，国务院办公厅印发《粮食安全省长责任制考核办法》。国务院对各省（区、市）人民政府粮食安全省长责任制落实情况进行年度考核，由发展改革委、农业部、粮食局会同有关部门和单位组成考核工作组负责具体实施。考核工作组办公室设在国家粮食局，承担考核日常工作。考核内容包括增强粮食可持续生产能力、保护种粮积极性、增强地方粮食储备能力、保障粮食市场供应、确保粮食质量安全、落实保障措施6个方面。本办法由国家发展改革委、农业部、国家粮食局负责解释，自印发之日起施行。

11月5日，粮食经济类期刊主编暨《中国粮食经济》通讯联络员会议在四川省成都市召开。会议深入学习了习近平总书记关于意识形态工作尤其是新闻宣传工作的重要论述，并就如何围绕贯彻实施国家粮食安全新战略和粮食流通中心工作办好粮食经济类期刊进行了交流探讨。曾丽瑛同志出席会议并讲话。

11月6日，国家粮食局、财政部会同国家

发展改革委、农业部、农业发展银行、中储粮总公司等部门和单位在吉林长春组织召开东北地区秋粮收储工作座谈会，贯彻落实10月30日国务院研究做好粮食收储等工作会议精神，指导督促有关地方政府落实好秋粮收购等各项工作。会议由国家粮食局、财政部共同主持。辽宁、吉林、黑龙江三省和内蒙古自治区人民政府分管负责同志，4省（区）发展改革委、财政厅、农业厅、粮食局、农业发展银行分行、中储粮分公司有关负责同志，中粮集团有限公司、中国中纺集团公司、中航工业集团公司有关负责同志参加会议。任正晓、卢景波同志出席会议。

11月11日，国务院召开常务会议，确定稳定粮食生产增加种粮收入的措施，保障粮食安全和农民利益等议题。会议指出，我国粮食连年增产，2015年再获丰收，有力支撑了经济社会发展和民生改善，但也存在库存大幅增加、价格下降等问题。当前正值秋收冬种，要多措并举，切实保护农民利益和种粮积极性。一要抓好秋粮收购，加大仓储设施建设投入，加快在建粮库和维修改造进度，按需追加跨省移库计划，加大北粮南运，抓紧出台鼓励加工企业入市购粮政策，严查“打白条”、压级压价，防止“卖粮难”。二要稳妥消化现有库存，将符合条件的临储玉米划转为国家一次性储备。加强粮食仓储管理，确保储粮安全。三要做好冬春农业生产，加快灌排设施等水利建设，加强农资保供。加大高标准农田建设投入，重点向主产区倾斜。四要改革粮食价格形成和收储机制，完善玉米、大豆补贴政策，小麦、稻谷等口粮品种明年继续实行最低收购价政策。五要推动南方挂坡地退耕还林，推进休耕及玉米与大豆轮作，扩大“粮改饲”试点范围，促进种植结构调整。

11月13日，国家粮食局局长任正晓会见了来访的澳大利亚农业和水利部副部长乔•埃文斯女士一行。任正晓局长向来宾介绍了当前我国粮食安全形势和流通贸易等方面的情况，埃文斯副部长对国家粮食局给予中澳科研机构合作的支持表示感谢。双方一致表示要进一步加强两国在粮食领域，特别是在粮食储运、加工、质量和标准、粮油信息等方面的交流合作。

11月16日，为认真落实国务院关于做好国家政策性粮食收储工作的有关批复精神，强化最低收购价和国家临时存储粮食（以下统称“国家政策性粮食”）收储工作的“四个共同”机制，严格落实收储企业执行政策的主体责任，强化粮食行政管理部门和农业发展银行的监管责任，国家发展和改革委员会、国家粮食局等五部门印发《关于进一步强化“四个共同”机制切实做好国家政策性粮食收储和监管工作的通知》。

11月17日，国家粮食局党组书记、局长任正晓会见了对口扶贫点四川省金阳县县委书记、县长毛正文一行，就总结和深化对口扶贫工作进行了座谈交流。卢景波同志一同参加了会见座谈。

11月19日，粮食行业贯彻京津冀协同发展战略做好“十三五”规划编制工作座谈会在北京召开，会议总结交流三地粮食行业推进协同发展的进展情况，深入研究进一步贯彻落实京津冀协同发展战略和做好“十三五”京津冀粮食行业协同发展规划编制工作。任正晓、曾丽瑛同志出席会议并讲话。

11月25日，国家粮食局召开领导干部会议，宣布中央关于国家粮食局领导班子调整的决定。

国家发展和改革委员会党组副书记、副主任何立峰同志出席会议并讲话。国家发展和改革委员会人事司司长梁彦同志宣布中央决定：邓亦武同志任国家粮食局党组成员、副局长，免去吴子丹同志国家粮食局党组成员、副局长职务。徐鸣、曾丽瑛、吴子丹、赵中权、卢景波、邓亦武同志出席。

11 月 26 ~ 27 日，国家粮食局党组中心组以“严以用权，真抓实干，实实在在谋事、创业、做人，做忠诚、干净、担当的好干部”为学习研讨主题，以“学党章、明党纪、守党规，牢固树立理想信念高线和纪律规矩底线意识”为学习研讨重点，组织“三严三实”第三专题集中学习研讨暨第四季度集体学习。任正晓同志主持集中学习研讨并作总结讲话。徐鸣、曾丽瑛、赵中权、卢景波、邓亦武同志分别就《党组工作条例（试行）》《廉洁自律准则》《纪律处分条例》《巡视工作条例》《领导干部选拔任用工作条例》以及《推进领导干部能上能下若干规定（试行）》等“四条例一准则一规定”进行解读领学。

11 月 30 日，国家粮食局召开党组会议，传达学习中央扶贫开发工作会议精神，研究部署国家粮食局对口扶贫开发和行业扶贫工作；传达贯彻全国革命老区开发建设座谈会精神。

## 十二月

12 月 16 ~ 17 日，部分省市粮食局长座谈会在湖北武汉召开，会议主要内容是深入研究粮食行业进一步贯彻落实长江经济带发展战略、做好“十三五”粮食行业发展规划编制工作。任正晓、邓亦武同志出席会议并讲话。

12 月 17 日，国家粮食局党组书记、局长任正晓会见了定点扶贫县阜南县委书记崔黎一行，就深入贯彻中央扶贫开发工作会议精神、扎实做好定点扶贫工作进行了工作座谈，党组成员、副局长卢景波参加。

12 月 22 日，国家粮食局召开党组会议，传达学习中央经济工作会议、中央城市工作会议精神，研究部署贯彻落实的工作措施。会议还研究了其他事项。

12 月 22 ~ 23 日，全国发展和改革工作会议在北京召开。会议深入学习领会党的十八届五中全会精神，学习贯彻落实中央经济工作会议等重要会议精神，特别是习近平总书记、李克强总理的重要讲话精神和重要批示指示要求，总结 2015 年发展改革工作，安排部署 2016 年发展改革工作。国家发展改革委党组书记、主任徐绍史在会上作了题为《振奋精神攻坚克难开拓创新努力实现“十三五”经济社会发展良好开局》的报告。国家发展改革委党组副书记、副主任何立峰主持会议。任正晓、邓亦武同志参加。

12 月 28 日，国家粮食局召开党组扩大会议，传达贯彻中央农村工作会议精神，认真学习习近平总书记的重要指示，李克强总理的重要批示和汪洋副总理的重要讲话，研究部署贯彻落实的具体措施。会议还研究了其他事项。

# 二 2015/2016 年度国际粮油市场回顾

2015/16 年度全球谷物产量在上年创纪录的基础上小幅减少，贸易量也略有下降，供需状况与上年度相当。根据联合国粮农组织 5 月数据，预计 2015/16 年度全球谷物产量为 25.27 亿吨，同比减少 3541 万吨，减幅为 1.38%；全球谷物消费量为 25.24 亿吨，同比增加 1973 万吨，增幅为 0.79%；全球谷物库存为 6.36 亿吨，同比略增 22 万吨，增幅为 0.03%。另据美国农业部数据，2015/16 年度全球谷物产量为 24.63 亿吨，同比减少 4722 万吨，减幅为 1.88%；消费量为 24.48 亿吨，同比增加 1701 万吨，增幅为 0.7%；库存量为 5.94 亿吨，同比增加 1888 万吨，增幅为 3.23%。2015/16 年度全球油料产量为 5.23 亿吨，同比减少 1432 万吨，减幅为 2.67%；消费量为 5.28 亿吨，同比增加 990 万吨，增幅为 1.91%；库存量为 8496 万吨，同比减少 730 万吨，减幅为 7.91%。

## （一）小麦

2015/16 年度全球小麦产量、消费量、贸易量和库存量都比上年度有所增加。

产量。根据美国农业部数据，2015/16 年度全球小麦产量 7.34 亿吨，比上年增加 711 万吨，增幅 0.98%。本年度俄罗斯小麦播种面积增幅较大，除此之外，其他主产国小麦播种面积均与上年变化不大。预计本年度欧盟小麦产量 1.6 亿吨，同比增加 318 万吨，增幅 2.03%。印度小麦播种面积略有增加，但单产下降幅度达到 10.16%，导致总产下降至 8653 万吨，同比减少 932 万吨，减幅 9.72%。预计本年度俄罗斯小麦产量 6104 万吨，同比增加 196 万吨，增幅 3.32%。美国小麦产量 5584 万吨，同比增加 69 万吨，增幅 1.26%。

消费量。预计 2015/16 年度全球小麦消费量 7.05 亿吨，同比增加 603 万吨，增幅 0.86%。其中小麦饲用量增幅较大，主要受欧盟小麦饲用量大幅增加的提振。预计本年度全球小麦饲用量 1.34 亿吨，同比增加 307 万吨，增幅 2.34%。小麦食品和工业消费量维持缓慢上升态势，预计本年度全球小麦食用消费量 5.71 亿吨，同比增加 297 万吨，增幅 0.52%。

贸易量。预计 2015/16 年度全球小麦进口量 1.64 亿吨，同比增加 566 万吨，增幅 3.56%；小麦出口量 1.67 亿吨，同比增加 272 万吨，增幅 1.66%。俄罗斯产量大幅增加使得其出口供应能力上升，预计本年度俄罗斯小麦出口量 2450 万吨，同比增加 170 万吨，增幅 7.46%。其他主产国小麦出口量均有所下降，预计本年度欧盟出口量 3250 万吨，同比减少 292 万吨，减幅 8.24%。加拿大出口量 2250 万吨，同比减少 166 万吨，减幅 6.89%。美国出口量 2123 万吨，同比减少 202 万吨，减幅 8.69%。自 2013 年以来，美国小麦出口量已出现连续下降。

库存量。预计 2015/16 年度全球小麦库存量 2.43 亿吨，同比增加 2637 万吨，增幅 12.18%。除印度和加拿大以外，其他小麦主产国库存均较上年增加。预计本年度美国小麦期末库存量2661万吨，同比增加614万吨，增幅29.97%；俄罗斯期末库存量663万吨，同比增加34万吨，增幅5.47%；欧盟库存量1903万吨，同比增加521万吨，增幅37.66%。

2015年国际小麦市场价格呈现震荡走弱的态势。在全球小麦供应充裕的背景下，1月受美元走强、美国小麦出口竞争力疲软的影响，小麦价格大幅下跌，并在2～5月维持低位震荡的走势。进入6月，美国中西部地区频频降雨，耽搁冬小麦收获，并引起市场担心小麦单产下降。受此影响，小麦价格大幅反弹。随后受出口需求不振，冬小麦收获压力的影响，小麦价格大幅下跌，并再次进入震荡偏弱的通道。截至12月31日，芝加哥期货交易市场小麦主力合约价格为469美分/蒲式耳，比年初的581.25美分/蒲式耳下降112.25美分/蒲式耳，降幅为19.31%。

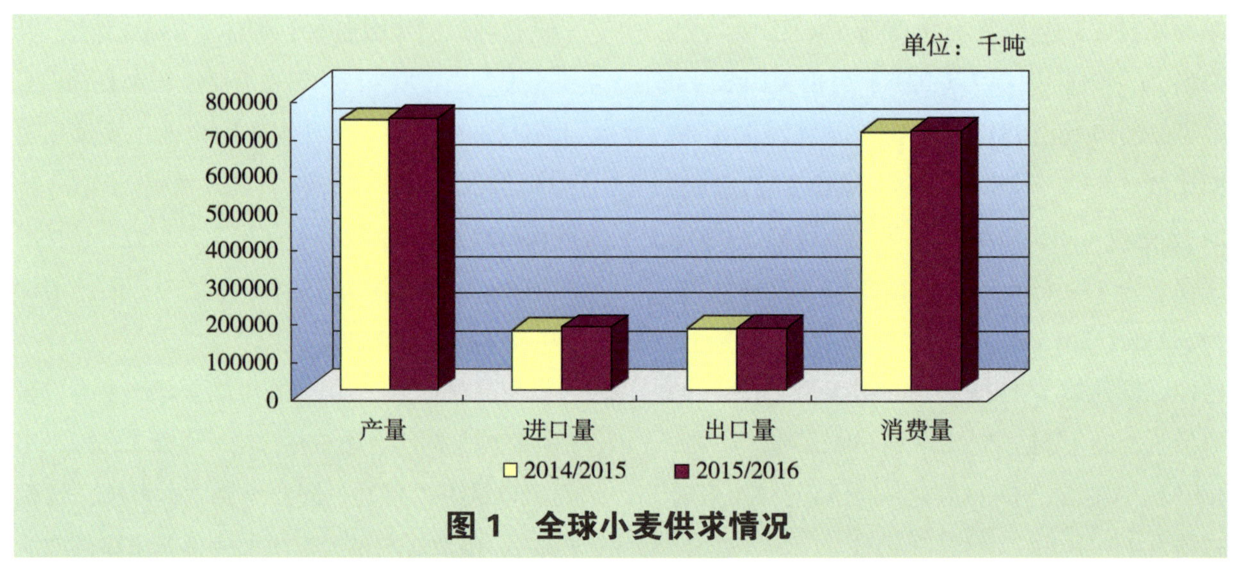

**图1　全球小麦供求情况**

## （二）大米

2015/16年度，全球大米产量减少，消费量略增，贸易量减少，库存量下降。

产量。根据美国农业部数据，2015/16年度全球大米产量4.7亿吨，同比减少824万吨，减幅1.72%。2015年主产国印度、泰国大米播种面积均下降80万公顷以上，导致两国产量降低，使得全球大米总产量下滑。预计本年度印度产量1.03亿吨，同比减少248万吨，减幅2.35%；泰国大米产量1580万吨，同比减少295万吨，也创下了该国1998年以来的大米产量最低值；越南大米产量2810万吨，同比略减6.6万吨，减幅0.23%；中国大米产量1.46亿吨，同比增加121万吨，增幅0.84%。

消费量。近年来大米消费量持续缓慢增加，但年度间增加的比率不超过3%。预计2015/16年度全球大米消费量4.77亿吨，同比增加126万吨，增幅0.27%。除中国外，印度大米消费量增长最多。预计本年度印度大米消费量9850万吨，为该国年度大米消费量的次高水平，同比增加 26.7 万吨，增幅 0.27%。尽管泰国本年度的大米减产较多，但消费量增幅相对较大，预计为 1080 万吨，同比增加 20 万吨，增幅 1.15%。

贸易量。预计 2015/16 年度全球大米进口量 3984 万吨，同比减少 112 万吨，减幅 2.73%。全球大米出口量 4138 万吨，同比减少 262 万吨，减幅 5.95%。泰国仍为全球大米出口第一大国，预计本年度泰国大米出口量 980 万吨，同比增加 2.1 万吨，增幅 0.21%；印度大米出口量 900 万吨，同比减少 324 万吨，减幅 26.46%。中国进口量较上年增加，连续四年居全球大米进口量首位。

库存量。预计 2015/16 年度全球大米库存量 10643 万吨，同比减少 796 万吨，减幅 6.95%。其中印度和泰国受产量减少的影响库存下降较多。预计本年度印度大米库存量 1327 万吨，同比减少 450 万吨，减幅 25.33%；泰国大米库存量 607 万吨，同比减少 450 万吨，减幅 42.57%。

2015 年国际稻米市场价格走势震荡。上半年除了巴基斯坦大米价格呈上涨走势以外，泰国、越南等国的大米价格均稳中有降。年中巴基斯坦大米价格一度超过传统高米价的泰米，但随着国际市场大米出口竞争力的加剧，市场价格又回归至泰米价格以下。进入第四季度，越南大米价格出现反弹，并最终超过泰国大米。统计数据显示，截至 2015 年末，泰国 5% 破碎率大米离岸价（FOB）（下同）为 356 美元 / 吨，较年初下跌 62 美元 / 吨；越南同品质大米离岸价为 375 美元 / 吨，较年初下跌 20 美元 / 吨；巴基斯坦同品质大米离岸价为 325 美元 / 吨，较年初下跌 50 美元 / 吨。

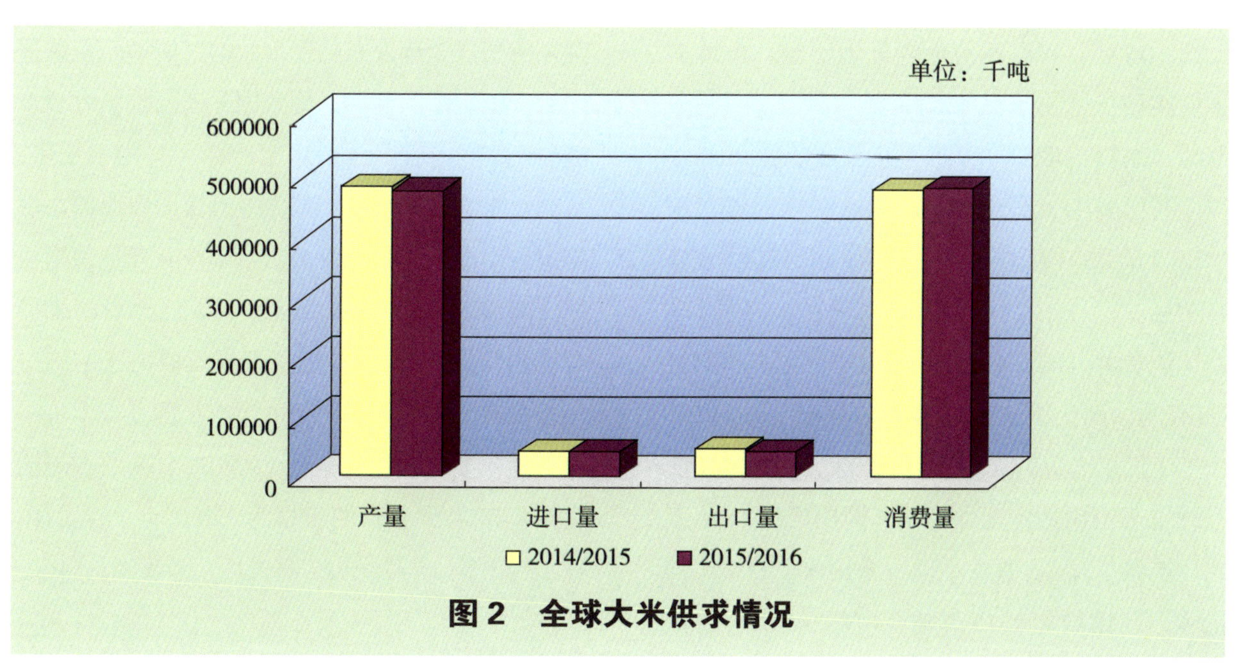


**图 2 全球大米供求情况**

## （三）玉米

2015/16年度全球玉米产量减少，进口增加，出口减少，消费量增加，库存持平。

产量。根据美国农业部数据，2015/16年度全球玉米产量9.69亿吨，同比减少4461万吨，减幅4.4%。美国、乌克兰和欧盟玉米产量大幅下降是全球产量减少的主要原因。预计本年度美国玉米产量3.45亿吨，同比减少1561万吨，减幅4.32%；欧盟玉米产量5798万吨，同比减少1780万吨，减幅23.49%。乌克兰玉米产量连续第二年下滑，预计本年度产量2333万吨，同比减少512万吨，减幅17.99%；巴西玉米产量8100万吨，同比减少400万吨，减幅4.71%。

贸易。预计2015/16年度全球玉米进口量1.33亿吨，同比增加765万吨，增幅6.12%；玉米出口量1.21亿吨，同比减少2033万吨，减幅14.35%。主产国玉米出口均出现下降，其中以美国、乌克兰和巴西的降幅最为明显。预计本年度美国玉米出口量4382万吨，同比减少354万吨，减幅7.48%；乌克兰玉米出口量1600万吨，同比减少366万吨，减幅18.62%；巴西玉米出口量2600万吨，同比减少846万吨，减幅24.55%。

消费量。预计2015/16年度全球玉米消费量9.8亿吨，同比增加1605万吨，增幅1.66%。其中玉米饲用消费仍维持较高的增速，预计本年度全球玉米饲用消费量6亿吨，同比增加1511万吨，增幅2.58%。其中中国玉米饲料消费量1.54亿吨，同比增加1315万吨，增幅9.64%。欧盟玉米饲料消费量5600万吨，同比下降350万吨，降幅5.88%。玉米食用与工业消费小幅增加，预计本年度全球玉米食用与工业消费量3.79亿吨，同比增加93.9万吨，增幅0.25%。

库存。预计2015/16年度全球玉米库存2.08亿吨，为历史次高水平，仅比上年度的历史最高纪录减少0.7万吨。巴西和欧盟玉米库存量减少明显。预计本年度欧盟玉米期末库存量698万吨，同比减少244万吨，减幅25.88%。巴西玉米期末库存量594万吨，同比减少190万吨，减幅24.23%。中国和美国玉米库存量有所降低。预计本年度中国玉米期末库存量1.1亿吨，同比增加906万吨，增幅9.02%。美国玉米期末库存量4579万吨，同比增加181万吨，增幅4.13%。

2015年国际玉米价格总体呈震荡偏弱的走势。6月下旬以前，由于主产国玉米库存压力较大，国际玉米价格震荡下行。6月下旬美国中西部玉米产区过量降雨引发对玉米单产的担忧，且月末美国农业部发布的库存数据及播种面积数据均低于分析师的预期，导致国际玉米价格大幅上涨。7月下旬后美国玉米主产区天气趋于干燥，有利于玉米作物授粉，加之8月美国农业部在供需报告中出人意料地提高玉米单产和产量预测数据，造成玉米价格急剧下滑。随后玉米价格维持震荡走势。进入12月，受阿根廷取消玉米出口关税政策及比索大幅贬值的影响，国际玉米价格再次进入下降通道。截至12月31日，芝加哥期货市场玉米主力合约价格为358美分/蒲式耳，比年初下跌37.75美分/蒲式耳，降幅为9.54%。

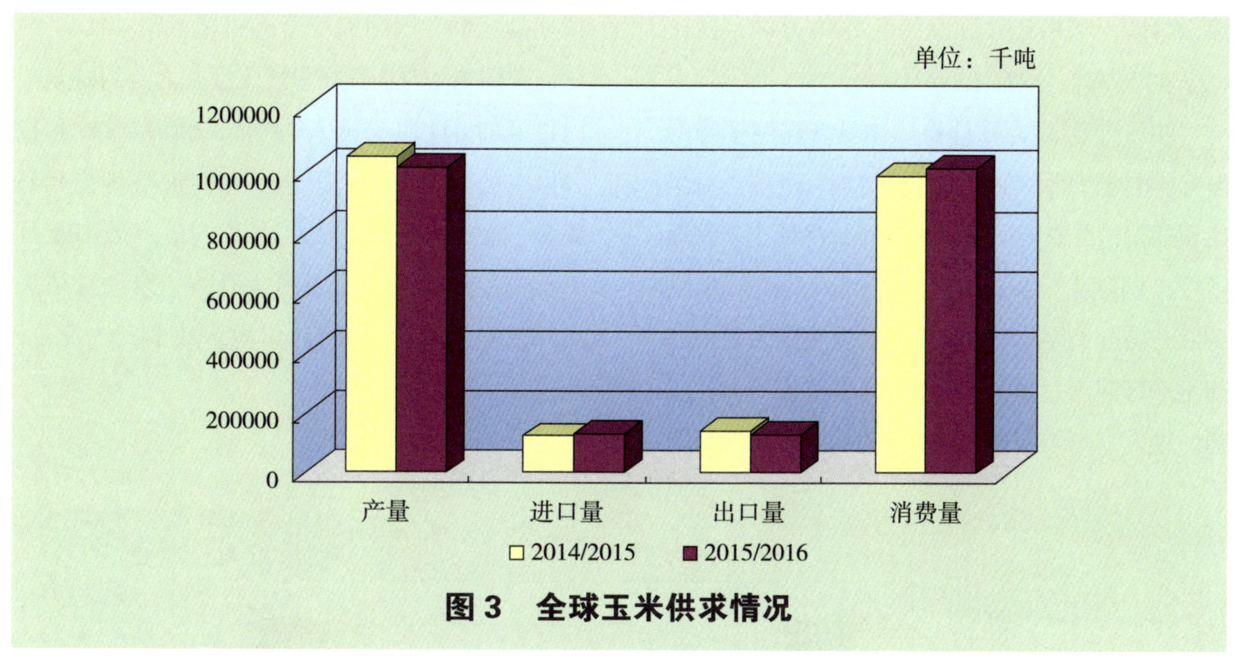


**图 3　全球玉米供求情况**

## （四）大豆

2015/16 年度，全球大豆产量减少，消费量和贸易量增加，库存量减少。

产量。根据美国农业部数据，2015/16 年度全球大豆产量 3.16 亿吨，同比减少 387 万吨，减幅 1.21%。受阿根廷大豆生长和收获季节不利天气的影响，阿根廷大豆产量将大幅减少，抵消了其他大豆主产国小幅增产的影响。预计本年度美国大豆产量将达 1.07 亿吨，与上年基本持平，仅略增 5 万吨；巴西大豆产量 9900 万吨，同比增加 180 万吨，增幅 1.85%；阿根廷大豆产量 5650 万吨，同比减少 490 万吨，减幅 7.98%。

消费量。预计 2015/16 年度全球大豆消费量 3.18 亿吨，同比增加 1727 万吨，增幅 5.74%。压榨消费量的增加继续推动全球大豆消费量的提高。预计本年度全球大豆压榨消费量 2.79 亿吨，同比增加 1610 万吨，增幅 6.11%。预计本年度全球大豆食用消费量 1740 万吨，同比增加 70 万吨，增幅 4.19%；饲用消费量 2136 万吨，同比增加 48 万吨，增幅 2.3%。

贸易量。预计 2015/16 年度全球大豆进口量 1.31 亿吨，同比增加 769 万吨，增幅 6.23%。中国由于需求旺盛，大豆进口量本年度达到 8169 万吨，同比增加 1029 万吨，增幅 14.4%。全球大豆出口量 1.33 亿吨，同比增加 642 万吨，增幅 5.09%。上年巴西雷亚尔汇率大幅贬值，导致巴西大豆部分挤占了美国份额。预计本年度美国大豆出口量从上年度的 5017 万吨减少至 4736 万吨，减幅 5.6%；巴西大豆出口量 5950 万吨，同比增加 889 万吨，增幅 17.57%。

库存量。预计 2015/16 年度全球大豆库存量 7425 万吨，同比减少 383 万吨，减幅为 4.9%。美国大豆期末库存量大幅增加，预计为 1089 万吨，同比增加 570 万吨，增幅高达 109.83%。南美两大主产国库存量有所减少。预计本年度巴西大豆库存量 1630 万吨，同比减少 320 万吨，减幅 16.4%；阿根廷大豆库存量 2680 万吨，同比减少 490 万吨，减幅 15.46%。

2015 年国际大豆价格总体呈现震荡下降的态势。6 月以前，在南美产量增加、全球大豆供给预期偏松的影响下，大豆市场价格处于下跌通道中，国际大豆价格从 1000 美分 / 蒲式耳下跌到 930 美分 / 蒲式耳左右。随后受美国大豆中西部主产区降雨过量的影响，6 月美豆价格大幅反弹。进入下半年，受新季美国大豆生长状况好于预期的压制，国际大豆价格快速下跌。11 月 23 日，美国芝加哥期货交易所大豆主力合约跌至年内最低的 844.25 美分 / 蒲式耳，创出 2008 年 12 月以来的新低。与 7 月 14 日年内价格高点 1045 美分 / 蒲式耳相比，跌幅达到 19%。截至 12 月 31 日，芝加哥期货交易所大豆主力合约价格为 863.75 美分 / 蒲式耳，比年初下跌 143.55 美分 / 蒲式耳，跌幅为 14.25%。

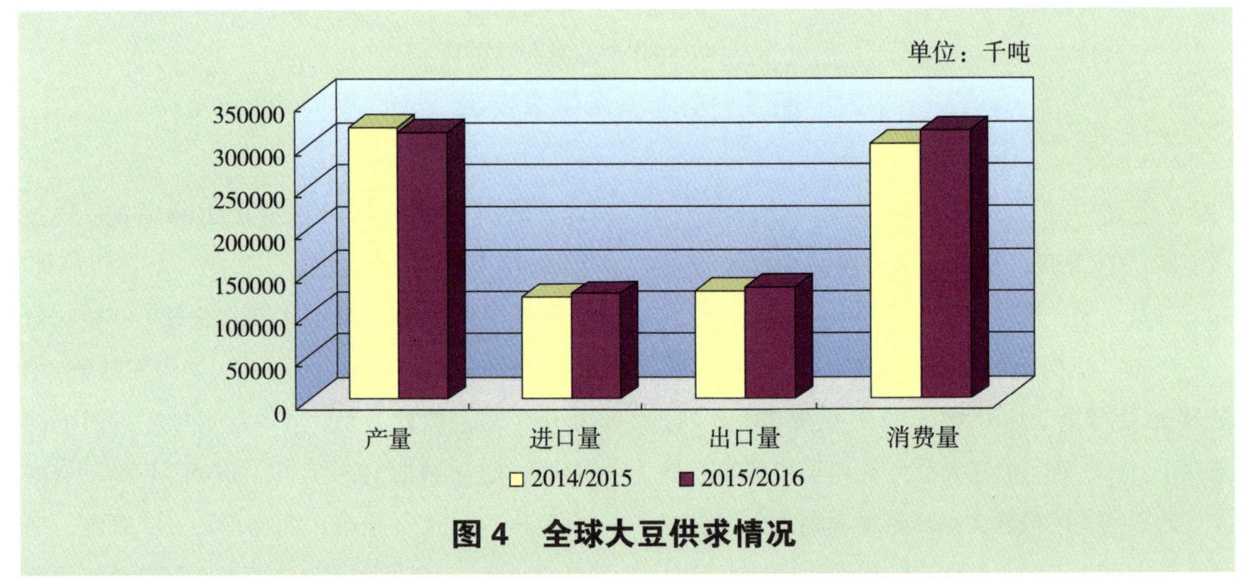


**图 4　全球大豆供求情况**

# 三　联合国粮农组织（FAO）2016 年全球粮食形势展望

联合国粮农组织（Food and Agriculture Organization，“FAO”）于 2016 年 6 月发布了最新全球粮食展望报告。FAO 预计，2016 年全球粮食消费量将略高于产量，2017 年全球粮食期末库存将低于 2016 年。近几个月来，全球粮食供应情况有所改善，主要原因是预计 2016/17 市场年度期初库存和 2016 年度全球粮食产量将有所增加。

FAO 预计，2016 年全球谷物产量将达到 25.43 亿吨，较上年增加 0.6%，仅比 2014 年历史最高点低 0.7%。该数值比 5 月份预估的高 1730 万吨，主要由于阿根廷、欧盟和俄罗斯小麦产量数据上调，阿根廷、加拿大、欧盟和美国玉米产量数据上调。与 2015 年相比，全球小麦产量将减少，全球稻米和粗粮产量将增加。2016/17 年度全球谷物消费量预计将达到 25.46 亿吨，较 2015/16 年度增加 0.9%，比 5 月份的预估值低 350 万吨，原因是全球饲用小麦量下调。2016/17 年度全球小麦消费量预计将下降 0.1%。

2017 年全球谷物期末库存预计将达到 6.42 亿吨，仅比达到历史最高水平的期初库存低 180 万吨。全球谷物产量增加，消费量减少，中国小麦库存量调整，导致该预计值比 5 月份上调了 2700 万吨。

2016/17 年度全球谷物贸易量预计将达到 3.69 亿吨，比 2015/16 年度下降 1.9%，主要因为大麦和高粱进口需求下降。全球谷物贸易量整体缩水将加剧主要谷物出口国在市场份额上的竞争，从而抑制国际粮价上涨。

**表 1 全球谷物供需概况**

| | 2014/15 年 | 2015/16 年<br>估计值 | 2016/17 年<br>预测值 | 年度变化<br>2016/17 年较 2015/16 年 |
|---|---|---|---|---|
| | 百万吨 | | | % |
| 全球情况 | | | | |
| 生产 | 2561.8 | 2527.7 | 2542.9 | 0.6 |
| 贸易 | 376.1 | 376.2 | 369.1 | −1.9 |
| 总消费 | 2501.2 | 2522.9 | 2545.7 | 0.9 |
| 食用 | 1080.2 | 1091.7 | 1105.7 | 1.3 |
| 饲用 | 889.8 | 901.7 | 914.7 | 1.5 |
| 其他用途 | 531.2 | 529.5 | 525.3 | −0.8 |
| 期末库存 | 644.1 | 644.0 | 642.2 | −0.3 |
| 供需指标 | | | | |
| 人均食用消费： | | | | |
| 全球（公斤 / 年） | 148.9 | 148.8 | 149.0 | 0.2 |
| 低收入缺粮国家（公斤 / 年） | 147.1 | 146.5 | 146.8 | 0.2 |
| 全球库存消费比（%） | 25.5 | 25.3 | 24.5 | |
| 主要出口国库存消耗比（%） | 17.7 | 16.1 | 15.6 | |
| FAO 谷物价格指数<br>（2002~2004=100） | 2014 年 | 2015 年 | 2016 年<br>1~5 月 | 变化<br>2016 年 1~5 月较 2015 年 1~5 月<br>% |
| | 192 | 162 | 149 | −11.8 |

**图 5　全球谷物生产、消费与库存情况**

## （一）小麦

FAO 预计，2016 年全球小麦产量将比 2015 年的历史最高纪录减少 1.4%（1000 万吨），达到 7.24 亿吨。尽管如此，2016/17 年度全球小麦市场供应形势仍然宽松。全球小麦减产的主要原因是，欧盟小麦减产 650 万吨，摩洛哥减产 500 万吨，乌克兰减产 450 万吨，美国减产 140 万吨。2016/17 年度全球小麦消费量预计将比 2015/16 年度略有下降，为 7.183 亿吨。粮食消费量将平稳增加，与人口增速相当。饲料消费量和工业消费量将有所下降。饲料消费量预计将下降 2.6%，主要原因是中国和欧盟将更多地使用玉米生产饲料。

FAO 预计，2017 年全球小麦期末库存将实现“四连增”，达到 2.155 亿吨，比期初库存增加 2.4%（500 万吨）。主要原因是中国、美国小麦库存较上年度分别增加 880 万吨和 140 万吨。而其他许多国家由于小麦减产造成库存下降，尤其是非洲地区。

FAO 预测 2016/17 年度全球小麦贸易量将小幅增加至 1.55 亿吨，主要原因是一些国家小麦进口量的增加，尤其是摩洛哥，抵消了亚洲和南美洲一些国家小麦进口量的减少。在出口方面，预计阿根廷、澳大利亚、加拿大和美国将增加小麦出口量，抵消了欧盟、俄罗斯和乌克兰减少小麦出口量。

总体而言，由于国际小麦市场供应充足，完全可以满足小麦进口需求，预计国际小麦价格将继续保持平稳。芝加哥期货交易所于 9 月份交割的小麦期货 5 月份的价格仍将继续低于去年同期水平。

**表 2 全球小麦供需概况**

| | 2014/15 年 | 2015/16 年<br>估计值 | 2016/17 年<br>预测值 | 年度变化<br>2016/17 年较 2015/16 年 |
|---|---|---|---|---|
| | 百万吨 | | | % |
| 全球情况 | | | | |
| 生产 | 729.8 | 734.1 | 724.0 | –1.4 |
| 贸易 | 155.6 | 154.5 | 155.0 | 0.3 |
| 总消费 | 710.1 | 719.2 | 718.3 | –0.1 |
| 食用 | 485.7 | 491.4 | 497.4 | 1.2 |
| 饲用 | 138.1 | 140.3 | 136.6 | –2.6 |
| 其他用途 | 86.2 | 87.5 | 84.3 | –3.7 |
| 期末库存 | 201.8 | 210.6 | 215.5 | 2.4 |
| 供需指标 | | | | |
| 人均食用消费： | | | | |
| 全球（公斤 / 年） | 167.0 | 67.0 | 67.0 | 0.1 |
| 低收入缺粮国家（公斤 / 年） | 47.4 | 47.4 | 47.4 | 0.0 |
| 全球库存消费比（%） | 28.1 | 29.3 | 29.0 | |
| 主要出口国库存消耗比（%） | 16.6 | 18.2 | 19.3 | |
| FAO 小麦价格指数<br>（2002~2004=100） | 2014 年 | 2015 年 | 2016 年<br>1~5 月 | 变化<br>2016 年 1~5 月较 2015 年 1~5 月<br>% |
| | 181 | 144 | 127 | –17.4 |

### 1. 小麦生产

FAO 预计 2016 年全球小麦产量约为 7.24 亿吨，比 2015 年的最高水平减少 1.4%（1010 万吨）。主要原因是欧洲小麦播种面积下降、非洲遭遇干旱，导致这两个地区小麦减产。

FAO 预计，欧洲 2016 年小麦总产量为 2.46 亿吨，比 2015 年减少 4%（1000 万吨），仍为历史第三高纪录。尽管春季气候条件好转提高了产量预期，但由于播种面积减少，预计欧盟小麦产量将比上年低 4%。乌克兰小麦产量预计约为 2200 万吨，较上年减少 450 万吨，主要原因是干旱天气导致播种面积减少、单产下降。

FAO 预计，美国 2016 年小麦产量为 5440 万吨，较上年减少 2.6%，原因是小麦播种面积较上年减少 9%。预计加拿大 2016 年小麦产量将恢复至 2890 万吨，主要原因是小麦单产较上年受干旱影响时有大幅提升，尽管春小麦的播种面积有所下降。预计 2016 年俄罗斯小麦产量将有望达到历史第二高点，原因是春季气候条件良好，小麦单产增加。

在亚洲，小麦正处于收获季节，预计亚洲地区 2016 年小麦产量将创历史新高。主要原因是印度小麦单产提高，总产量预计将达到 8900 万吨，较上年增加 2.9%。中国小麦产量预计将约为 1.29 亿吨，略低于上年创纪录的水平。巴基斯坦小麦产量预计为2550万吨，与上年基本持平。哈萨克斯坦小麦产量预计约为1350万吨，低于上年水平，但基本达到过去三年平均水平，原因是小麦播种面积减少。

在近东地区，由于局部遭遇干旱加之播种面积减少，预计土耳其2016年小麦产量将略降至2200万吨，尽管近期雨水条件有利于冬小麦生长。

预计伊朗2016年小麦产量将达到1250万吨，较上年增加8.7%，主要由于单产提高。预计2016年阿富汗、伊拉克和叙利亚三个国家小麦产量将下降，尽管天气条件有利于作物生长，但国内动乱极大地影响了农业生产。

在北非，撒哈拉以南地区为非洲小麦的主产区。受干旱影响，摩洛哥小麦减产严重，较2015年下降62.5%，降至300万吨。阿尔及利亚和埃及受干旱影响略小，小麦产量将保持平均水平。突尼斯小麦单产恢复至平均水平，小麦产量将有所增加。

澳大利亚2016年小麦收获时间为8月至9月，小麦产量预计将达到2450万吨，较上年增加1.2%。原因是播种面积增加，期初水分条件较好。南美洲小麦播种时间为5月至9月。预计阿根廷和巴西两国2016年小麦产量将分别增加24%和5%，这是由于货币贬值促进小麦出口，小麦价格上涨促进小麦播种面积扩大。中美洲及加勒比地区，主要小麦生产国墨西哥小麦产量因气候适宜将略有增加，高于平均水平。

### 2. 小麦消费

FAO预计，2016/17年度全球小麦消费量约为7.18亿吨，比2015/16年度略有下降，比2010年趋势水平低1.8%。主要原因是家禽饲料消费下降。2016/17年度全球小麦饲料消费预计将下降2.6%（360万吨）至1.37亿吨。主要原因是中国玉米收储制度改革造成中国国内玉米价格下降，将有更多的玉米用于生产饲料，从而降低了小麦饲料消费量。欧盟地区的小麦饲料消费量也将下降，原因是欧盟小麦产量略降，而2016/17年度粗粮供应充足。

2016/17年度全球小麦食用消费量预计达到4.97亿吨，较上年度增长1.2%。世界人均小麦食用消费稳定在每年67公斤，发展中国家人均年食用小麦消费为60公斤，发达国家人均年食用小麦消费为97公斤。

预计全球小麦工业消费量将达到2300万吨，与上年基本持平，其中一半用于生产淀粉。欧盟地区小麦工业消费量将小幅增加至1100万吨，其中490万吨用于生产生物燃料，较上年增加40吨。

### 3. 小麦库存

FAO预计，在2017年结束的小麦作物年度末，全球小麦库存将接近2.16亿吨，较期初水平增加500万吨，增长2.4%，较5月份的预测值上调了2000万吨。主要原因是中国小麦产量将继续增加，而小麦饲料消费量却在下降。

除中国以外，2017年其他国家和地区小麦期末库存量为1.46亿吨，较期初水平减少2.6%（380万吨）。实际上，除中国以外，大多数国家的小麦库存水平均与2015/16年度持平或略低。小麦期末库存下降较明显的国家有澳大利亚、埃及、印度、伊朗和摩洛哥。2016/17年度全球小麦库存消费比将达到29%，与上年度一致，但远高于2007/08年度的22.7%。2016/17年度主要小麦出口国小麦期末库存消费比（库存消费为国内消费量加上出口量）将从 2015/16 年度的 18.2%提高到 19.3%，供应形势比较宽松。

### 4. 小麦贸易

FAO 预测，2016/17（7 月 /6 月）市场年度全球小麦贸易量（含面粉折算小麦）为 1.55 亿吨，较 2015/16 年度增加 0.3%（50 万吨），但仍比 2013/14 年度的最高纪录低 150 万吨。贸易量增加的主要原因是北非地区小麦进口量的增加远远高于欧洲和南美洲小麦进口量的减少。

在非洲，2016/17 年度小麦进口量预计将达到 4770 万吨，较上年度增加 2.9%（130 万吨）。主要原因是摩洛哥小麦进口量增加 170 万吨至创纪录的 500 万吨。受干旱影响，摩洛哥国内小麦大幅减产，摩洛哥政府去年底将软麦进口税从 50% 调至 30%，该税率将执行到 2016 年底，以保证进口足够的小麦满足国内消费需求。预计阿尔及利亚 2016/17 年度小麦进口量约为 700 万吨，较上年度减少 7%（50 万吨）。作为全球最大的小麦进口国，埃及小麦进口量预计将达到 1150 万吨，与上年度相当。南非小麦进口量将降至 190 万吨，2016 年 4 月南非政府将本年度小麦进口关税提高了 34%，以保证国内农民利益不受国际小麦价格走低影响。非洲第三大小麦进口国尼日利亚的小麦进口量将稳定在 470 万吨。

在亚洲，预计 2016/17 年度小麦进口总量为 7300 万吨，与上年持平。亚洲地区大多数国家的小麦进口量与上年一致，或略有增加，但部分国家小麦进口量将下降。伊朗小麦进口量将降至 200 万吨，为 5 年最低水平。泰国小麦进口量将降至 320 万吨。印度尼西亚小麦进口量为 800 万吨，与上年一致。沙特阿拉伯小麦进口量将连续四年增加，达到历史最高纪录 380 万吨。

在欧洲，2016/17 年度小麦进口量预计为 780 万吨，较上年度减少 60 万吨，主要因为欧盟和俄罗斯减少小麦进口量。拉丁美洲和加勒比地区小麦进口量将达到 2200 万吨，与上年度相当。

鉴于 2016/17 年度全球小麦进口量仅小幅增加，小麦主要出口国之间的市场竞争仍然激烈。预计 2016/17 年度全球小麦出口量将下降 50 万吨至 3100 万吨。欧盟将连续第三年成为全球小麦最大出口来源。美国小麦出口量将达到 2450 万吨，较上年度增加 400 万吨。阿根廷小麦出口量将创 4 年最高水平，达到 800 万吨。而乌克兰小麦出口量将降至 3 年来的最低点，为 1030 万吨，较上年度下降 470 万吨。俄罗斯小麦出口量排在欧盟和美国之后，出口量为 2250 万吨，紧随其后的是加拿大和澳大利亚。

### 5. 小麦价格

2016 年 1 ～ 5 月，国际小麦价格保持总体平稳，尽管美元走强不时打压小麦报价。国际市场小麦旧作供应充足，2016 年小麦生产前景改善，近几周小麦价格出现数次反弹主要是受玉米和大豆等其他作物影响。小麦出口市场竞争加剧，尤其是阿根廷于年初取消出口税，也导致小麦市场疲软。总体来看，国际小麦价格低于去年同期水平。2016 年 5 月底，基准美国 2 号硬红冬麦的平均到岸价为每吨 193 美元，较期初下跌了 10%，较去年同期下跌了 17%。

## （二）粗粮

FAO 预测，2016/17 年度全球粗粮产量将增加 1.6%，主要原因是玉米增产抵消了高粱和大麦减产。全球玉米增产主要是欧洲和美国玉米增产超过了非洲、亚洲和南美洲的玉米减产。2016/17 年度全球粗粮消费量将较上一年度增加 1.3%。中国政府于近期对玉米收储制度进行改革，这将对中国乃至国际粗粮市场产生重大影响。中国政府将采取措施降低国内玉米库存，这意味着中国国内玉米饲料消费量将大幅增加，而大麦、高粱等玉米替代物的进口量将大幅下降。2017 年全球玉米库存预计将减少 2.5%，主要是由于中国玉米库存量将减少 900 万吨至 9600 万吨。尽管如此，全球主要粗粮出口国期末库存消费比（库存消费为国内消费量加上出口量）预计将超过 2015/16 年度水平，这主要是由于全球最大粗粮生产国美国的期末库存将达到历史新高。

2016/17 年度全球粗粮贸易量预计将较上年度减少 3.9%，其中玉米贸易量减少 1.1%，大麦和高粱的贸易量分别减少 9% 和 27%。全球粗粮进口需求减少将加剧出口市场竞争，但由于巴西玉米减产导致出口量下降，使得全球粗粮贸易基本平衡，从而缓解了一部分价格下行压力。

**表 3 全球粗粮供需概况**

| | 2014/15 年 | 2015/16 年<br>估计值 | 2016/17 年<br>预测值 | 年度变化<br>2016/17 年较 2015/16 年 |
|---|---|---|---|---|
| | 百万吨 | | | % |
| 全球情况 | | | | |
| 生产 | 1337.7 | 1303.6 | 1324.5 | 1.6 |
| 贸易 | 175.9 | 177.0 | 170.0 | –3.9 |
| 总消费 | 1299.6 | 1307.4 | 1324.8 | 1.3 |
| 食用 | 199.2 | 200.6 | 203.6 | 1.5 |
| 饲用 | 734.0 | 743.6 | 760.1 | 2.2 |
| 其他用途 | 366.4 | 363.2 | 361.2 | –0.6 |
| 期末库存 | 268.4 | 264.5 | 262.8 | –0.6 |
| 供需指标 | | | | |
| 人均食用消费： | | | | |
| 全球（公斤 / 年） | 27.5 | 27.3 | 27.4 | 0.3 |
| 低收入缺粮国家（公斤 / 年） | 40.5 | 39.9 | 40.2 | 0.8 |
| 全球库存消费比（%） | 20.5 | 20.0 | 19.2 | |
| 主要出口国库存消耗比（%） | 12.8 | 11.9 | 12.9 | |
| FAO 粗粮价格指数<br>（2002~2004=100） | 2014 年 | 2015 年 | 2016 年<br>1~5 月 | 变化<br>2016 年 1~5 月较 2015 年 1~5 月<br>% |
| | 183 | 161 | 154 | –5.7 |

### 1. 粗粮生产

FAO 预测，2016 年全球粗粮产量约为 13.25 亿吨，较上年增加 1.6%（2100 万吨）。主要原因是欧洲和美国玉米增产，抵消了非洲、亚洲和南美洲玉米，以及全球高粱和大麦的减产。

2016 年全球玉米产量预计将达到 10.26 亿吨，较 2015 年增加 2.3%（2260 万吨）。主要原因是世界最大玉米生产国美国 2016 年玉米产量将达到创纪录的 3.665 亿吨。美国玉米大幅增产的原因是尽管单产有所下降，但播种期初天气条件适宜，有效地提升了玉米播种速度，扩大了播种面积。而加拿大 2016 年玉米产量预计将与上年持平。在欧洲，预计 2016 年欧盟玉米产量将达到 6600 万吨，原因是播种面积增加，单产恢复平均水平。预计 2016 年俄罗斯玉米产量将达到创纪录的 1380 万吨，原因是不仅播种面积增加 8%，而且单产提高。由于单产提高，预计 2016 年乌克兰玉米产量将较上年有小幅提升，达到 2560 万吨。在亚洲，预计中国 2016 年玉米产量将减少 2%，约为 2.2 亿吨，原因是玉米生产扶持政策发生改变，导致播种面积减少。而印度玉米产量将增加 9.5%，达到 2300 万吨。

在南半球，玉米收获工作将于 7 月份完成。在南美洲，预计巴西玉米产量为 8120 万吨，较上年减少 5%。减产是因为干旱天气和价格较低导致于 2 月份收获的第一季玉米播种面积下降，干旱天气还可能继续影响第二季玉米产量。巴拉圭由于玉米市场供给充足，价格较低，导致播种面积减少，预计玉米产量将比 2015 年的历史最高水平下降 38%。而阿根廷玉米产量预计将达到 3790 万吨，较上年增加 12.1%。主要原因是，玉米出口限制解除使得玉米种植利润增加，加之天气条件适宜，玉米播种面积增加。在南部非洲，持续干旱天气影响了大部分地区，导致该地区玉米产量大幅下降。预计南非 2016 年玉米产量将下降 31%，为 740 万吨。马拉维和津巴布韦玉米产量也将大幅减少，赞比亚在 1 月份迎来降雨，产量预计将有所增加。

FAO 预测，2016 年全球大麦产量为 1.446 亿吨，较 2015 年减少 1.6%（240 万吨），主要由于摩洛哥和阿根廷大麦减产。2016 年全球高粱产量为 6100 万吨，比上年减产 5%（320 万吨），主要由于美国高粱的减产量大于苏丹和尼日利亚的增产量。

### 2. 粗粮消费

FAO 预计，2016/17 年度全球粗粮消费将达到 13.25 亿吨，较上年度增加 1750 万吨，增幅为 1.3%。增幅略高于 2015/16 年度的 0.6%，但远低于 2014/15 年度的 4% 和 2013/14 年度的 7%。2016/17 年度全球粗粮消费市场前景在很大程度上取决于中国市场发展形势。中国政府于近期取消了玉米国家收储政策，造成国内玉米价格下跌。玉米供应量充足，加上价格更具竞争力，将促使更多的玉米代替大麦和高粱用于饲料生产。由于中国国内玉米价格受政府收储政策支撑而居高不下，导致中国 2014/15 年度大麦和高粱进口量激增至历史最高水平。

2016/17 年度全球粗粮饲料消费量预计将达到 7.6 亿吨，较上年增加 2.2%（1660 万吨）。由于美国和中国将增加玉米饲用消费量，预计全球玉米饲用消费量将达到 5.93 亿吨，较上年度增加 3.6%（2080 万吨）。2016 年美国玉米产量将创新高，家禽业玉米饲用消费量也将随之增长，达到1.41亿吨，较上年增长5.7%（760万吨）。中国玉米饲用消费量预计将较上年度增加5.7%（800万吨），达到1.49亿吨。预计其他粗粮饲用消费量将下降，其中大麦将下降3%，降至9900万吨，高粱将下降10%，降至2600万吨，主要原因是预计中国2016/17年度将减少大麦和高粱饲用消费量。

2016/17年度全球粗粮食用消费量预计为2.04亿吨，较上年度增加1.5%（300万吨）。与其他谷物相比，粗粮在拉丁美洲和加勒比地区（玉米），以及非洲许多国家（玉米、小米和高粱）是重要的食物品种。在全球范围内，粗粮食用消费量的增速与世界人口增速相一致，因此全球人均年粗粮食用消费稳定在27.5公斤。预计2016/17年度非洲人均年粗粮消费量为72公斤，撒哈拉以南非洲人均为78公斤，略低于上年度，主要是因为南部非洲地区旱灾导致白玉米供给减少，人均消费量相应减少。

2016/17年度全球粗粮工业消费量预计将达到3.26亿吨，较上年度增长1.2%。美国粗粮工业消费量为1.7亿吨，占全球消费量的一半以上，其中1.346亿吨用于生产燃料乙醇。预计2016/17年度全球用于生产淀粉的粗粮将达到1.05亿吨，较上年度增加3%。

### 3. 粗粮库存

FAO预测，2017年全球粗粮期末库存为2.63亿吨，较期初库存减少0.6%（1700万吨），全球粗粮库存已连续两年下降。主要原因是玉米和大麦库存下降。2016/17年度全球粗粮库存消费比预计为19%，较上年度的20%有所下降，是近4年来的最低值，但仍高于2009/10年度15.4%的最低值。主要出口国期末库存消耗比（库存消费为国内消费量加上出口量）为12.9%，上年度为11.9%，主要是因为全球最大粗粮出口国美国的期末库存预计将增加。

全球玉米库存预计将较期初库存下降2.5%，降至2.14亿吨，主要是由于预计中国玉米库存将下降870万吨，巴西下降400万吨，南非下降110万吨。而美国玉米库存预计将达到创纪录的5500万吨，较上年度增加900万吨。全球大麦库存预计将达到3040万吨，较期初库存增加9.4%，主要由于加拿大、欧盟和乌克兰大麦库存增加。全球高粱库存预计将下降6%，为700万吨，主要是由于美国高粱库存下降30万吨。

### 4. 粗粮贸易

FAO预测，2016/17年度（7月/6月）全球粗粮贸易量较上年度下降4%至1.7亿吨。预计全球玉米贸易量将较上年度减少1.1%，降至1.31亿吨。全球大麦和高粱的贸易量将大幅减少，大麦贸易量将下降9%，为2500万吨，高粱贸易量将下降27%，为900万吨。主要原因是中国将减少这两种作物的进口量。由于马里和印度增加小米进口量，预计全球小米贸易量将增加31%，为85.5万吨。预计全球燕麦和黑麦贸易量将保持上年度水平，分别为220万吨和37万吨。

在亚洲，预计2016/17年度粗粮进口量将下降8.6%，为8820万吨。主要原因是中国将减少大麦和高粱的进口量。预计中国2016/17年度粗粮进口量将较上年度下降41%，降至1180万吨。原因是预计中国近期开始进行政策调整，国内玉米价格将下降，导致玉米及大麦、高粱等玉米替代品的进口量大幅下降。由于国内玉米价格水平过高，中国大麦和高粱进口量在2014/15年度达到历史最高水平，并在2015/16年度再创新高。预计2016/17年度伊朗粗粮进口量将下降120万吨，为650万吨；土耳其大麦和玉米进口量将增加30万吨，为200万吨；日本粗粮进口量将增加60万吨，为1770万吨；全球大麦最大进口国沙特阿拉伯的大麦进口量将增加20万吨，为850万吨。

在非洲，预计2016/17年度粗粮进口量将较上年度增加16%，达到2980万吨，主要原因是摩洛哥和南非粗粮进口量将大幅增加。预计摩洛哥大麦进口量将增加120万吨，主要因为国内产量下降。南非玉米进口量将较上年度增加一倍，达到360万吨，主要是因为国内干旱天气导致玉米减产。马拉维和津巴布韦由于连续两年干旱，玉米进口量也将激增。突尼斯由于国内生产前景较好，预计将减少大麦进口量。埃及作为非洲地区玉米最大进口国，本年度玉米进口量将与上年度保持基本一致，为850万吨。

中美洲和加勒比地区国家本年度粗粮进口量预计将与上年度接近。预计墨西哥本年度进口粗粮1420万吨，其中玉米1300万吨，高粱55万吨。南美洲粗粮进口量将达到1310万吨，较上年度增加20万吨，主要原因是巴西增加玉米进口量。2015年4月，为了缓解国内供给状况，巴西对从非南方共同市场国家进口的玉米（限额100万吨）暂停征收关税。欧洲地区本年度粗粮进口量预计为1400万吨，较上年度减少300万吨，主要因为欧盟国家玉米产量预计增加。

出口方面，2016/17年度由于几大主要粗粮出口国国内产量下降，加之全球粗粮进口需求下降，造成粗粮出口市场竞争加剧。预计巴西玉米出口量将从上年度的3650万吨下降至2900万吨。南非玉米出口量将连续第二年达到历史最低水平。而阿根廷玉米出口量将从上年度的1900万吨增加至2100万吨，主要原因是国内供给量充足，玉米出口税减免。美国由于产量将创新高，预计其本年度玉米出口量将从上年度的4200万吨上涨至4600万吨。大麦方面，由于全球大麦需求量大幅减少，大麦出口国将面临激烈竞争。欧盟大麦出口量将下降150万吨，降至800万吨。俄罗斯大麦出口量也将小幅下降，澳大利亚和加拿大饲用大麦出口量由于价格优势将有所增加。

### 5. 粗粮价格

受总体下行压力影响，2016年一季度国际粗粮价格一度达到2010年以来的最低点。近几个月以来，国际粗粮价格受全球供应量充足影响，特别是阿根廷取消玉米出口税。大量低质饲料级小麦供应充足也使粗粮价格处于下行趋势。但近期全球粗粮需求旺盛，加之阿根廷和巴西天气堪忧，支撑了国际粗粮价格。此外，大豆价格高涨一定程度上也对粗粮价格起到了支撑作用。截至5月份，玉米报价等于或高于上年同期水平。基准美国2号黄玉米2016年5月份离岸价格平均每吨为169美元，较期初上涨了5%，较上年同期高2%。然而阿根廷玉米离岸价格平均每吨为184美元，较期初上涨了14%，较上年同期高9%。阿根廷玉米出口价大幅上涨，一部分原因是对于产量的担忧，一部分原因是货币疲软增加了阿根廷在国际市场的竞争力，推高了出口需求。国际饲用大麦5月份平均价格较上年同期下跌20%，国际高粱价格跌幅为30%，主要原因是预计中国将减少大麦和高粱进口。

由于预计2016/17年度全球粗粮结转库存量在较高水平，2016年全球粗粮产量也将达到较高水平，抑制了国际粗粮价格大幅增长。芝加哥期货交易所2016年12月交货的玉米期货价格5月份平均每吨为156美元，比4月份上涨3%，主要是由于大豆价格上涨。尽管价格水平略高于去年，但12月份期货价格显示当前市场形势仍然较为宽松。

## （三）稻米

由于2015年全球气候多变，同时遭遇了有史以来最强的厄尔尼诺现象，FAO预计2016年全球稻米产量将达到4.944亿吨，较上年略增1%。FAO预计2016年国际稻米贸易量将达到4470万吨，略低于上年水平，为历史第二高纪录。主要是因为拉丁美洲和加勒比地区，以及非洲地区稻米进口量增加。FAO预测，2016/17年度全球稻米消费量将较上年度增加1.3%，达到5.026亿吨，这主要因为食用消费量将增加。2017年全球稻米库存预计将下降3%，为1.638亿吨，将是连续第二年下降。

**表4 全球稻米供需概况**

| | 2014/15年 | 2015/16年 估计值 | 2016/17年 预测值 | 年度变化 2016/17年较2015/16年 |
|---|---|---|---|---|
| | 百万吨（以碾米计） | | | % |
| 全球情况 | | | | |
| 生产 | 494.4 | 490.1 | 494.4 | 1 |
| 贸易 | 44.6 | 44.7 | 44.7 | –1.4 |
| 总消费 | 491.5 | 496.4 | 502.6 | 1.3 |
| 食用 | 395.2 | 399.7 | 404.7 | 1.3 |
| 期末库存 | 173.9 | 168.9 | 163.8 | –3.0 |
| 供需指标 | | | | |
| 人均食用消费： | | | | |
| 全球（公斤/年） | 54.5 | 54.5 | 54.6 | 0.2 |
| 低收入缺粮国家（公斤/年） | 59.2 | 59.2 | 59.2 | 0.0 |
| 全球库存消费比（%） | 35.0 | 33.6 | 32.0 | |
| 主要出口国库存消耗比（%） | 23.9 | 18.2 | 14.7 | |
| FAO稻米价格指数（2002~2004=100） | 2014年 | 2015年 | 2016年1~5月 | 变化 2016年1~5月较2015年1~5月 % |
| | 235 | 211 | 196 | –10.3 |

### 1. 稻米生产

2015年稻米种植季节遭遇了有史以来最强的厄尔尼诺现象，气象预测机构预测到2016年6月底厄尔尼诺现象将有所缓解，但2016年第四季度有很大可能性将出现拉尼娜现象。2016年年中，北半球国家刚刚结束稻谷种植，或等待6月份左右雨季来临再进行稻谷播种，此时厄尔尼诺现象消退将有助于北半球国家稻谷生长。但对于南半球国家而言，他们在2015年第四季度或2016年初播种了2016年第一季度稻谷，而那时厄尔尼诺现象带来异常干旱或降雨，对南半球国家影响仍然较大。此外，拉尼娜气候将带来大量降雨，更加密集的飓风和龙卷风以及洪涝，会影响许多稻米种植国将于下半年收获的稻谷生长。

FAO预测，由于2016年南半球国家稻谷产量将有所下降，北半球国家稻谷生长正常，2016年全球稻米产量将达到4.944亿吨，较2015年增长1%。全球稻米播种面积将较上年回升0.7%，达到1.618亿公顷。

2016年全球稻米产量增长主要来自于亚洲、非洲、北美洲和欧洲。而拉丁美洲、加勒比地区和大洋洲由于受厄尔尼诺现象影响，预计稻米产量将下降。预计2016年亚洲地区稻米总产量将达到4.476亿吨，主要由于印度和泰国稻米产量回升，这两个国家在2015年遭受干旱导致稻米大幅减产。此外，预计朝鲜、老挝、缅甸、尼泊尔和菲律宾稻米产量将回升。由于稻米（和小麦）并不在中国政策调整范围内，所以预计中国稻米产量将继续增加。中国政府将继续对稻米执行最低收购价政策，而2016年中国政府稻米最低收购价预计将接近2015年水平，但仍比周边国家价格高出许多。预计孟加拉稻米产量将有所下降，由于近期其国内稻米价格偏低，政府宣布将加大力度，直接从农民手中收购稻米。沿赤道及赤道以南地区的情况更不容乐观，由于在稻谷播种和生长季节遭遇干旱和异常高温天气，预计印度尼西亚、马来西亚和越南等国稻米产量将下降。

在非洲，由于总体形势良好，预计2016年非洲稻米产量将增长2.1%，达到1900万吨（大米以碾米计）。预计埃及稻米产量将上升。由于政府加强产业保护措施，抵制稻米进口，预计西非地区稻米产量将增加。由于政府持续稳定的支持政策，马里和塞内加尔稻米产量增幅最大。预计尼日利亚、马达加斯加和坦桑尼亚稻米产量将小幅上升。

在拉丁美洲和加勒比地区，预计2016年稻米产量将较上年下降7.5%，降至2010年以来的最低点，为1770万吨。除厄瓜多尔和秘鲁以外，南美洲所有国家都面临稻米大幅减产，原因是这些国家在2016年稻谷种植季节遭遇了有史以来最强的厄尔尼诺现象。阿根廷、巴西、巴拉圭和乌拉圭受大量降水、洪涝和光照不足影响，导致稻米产量大幅下降。玻利维亚、哥伦比亚、圭亚那和委内瑞拉受干旱和低收益影响，稻谷产量也将大幅下降。在中美洲和加勒比地区，预计古巴、多米尼加和墨西哥2016年稻谷产量将有所回升。

在北美洲，美国农业部预测2016年美国稻谷产量为730万吨，较2015年增加20%。主要是因为长粒米种植面积大幅增加，抵消了中短粒米播种面积的减少。在大洋洲，预计2016年澳大利亚稻米产量将较2015年减少58%，降至

2010年以来的最低点，为20.3万吨。主要原因是受大面积干旱天气影响，灌溉用水成本较高导致稻米播种面积锐减。在欧洲，稻谷正处于生长期，预计总产量将保持去年水平，为260万吨。欧盟产量略减，俄罗斯产量略增，相互抵消。

### 2. 稻米消费

FAO预计，2016/17年度全球稻米消费量约为5.026亿吨，较上年增长1.3%。消费增长的主要原因是食用消费不断增加。2016/17年度稻米食用消费将达到4.05亿吨，较上年增长1.3%，全球人均年大米食用消费量将较上年度略微增长至54.6公斤。全球稻米饲料消费预计将维持在1800万吨，主要集中在亚洲国家。其他稻米消费（包括产后损失和浪费）数量预计将较上年度增加100万吨，达到7980万吨。

### 3. 稻米库存

FAO预测，由于2016/17年度全球稻米消费量将大于2016年产量，预计将造成2017年稻米期末库存下降500吨。2017年度期末库存将减少3%，为1.638亿吨。这将是全球稻米库存连续第二年下降，一方面是因为2016年全球稻米产量前景不佳，另一方面是因为印度、泰国两大稻米出口国持续推动减少稻米国家库存量。全球第三大稻米出口国越南和第四大稻米出口国巴基斯坦稻米库存也将减少。预计全球第五大稻米出口国美国由于产量上升将增加稻米库存量。预计中国稻米库存量将增加300万吨至1.01亿吨，主要是因为国内稻米价格处于价格高地，国内外稻米价差导致大量国外稻米通过官方渠道和边境走私进入中国，为了防止国内稻米价格下跌，政府必须继续对稻米执行最低收购价政策。FAO预测，2016/17年度全球库存消费比将从2015/16年度的33.6%下降到32%。

### 4. 稻米贸易

FAO预计2016年全球稻米贸易量将增加0.4%，为4470万吨，仅低于2014年历史最高纪录。这主要是由于拉丁美洲和加勒比地区稻米进口量增加，以及非洲国家稻米进口需求回升。拉丁美洲和加勒比地区稻米进口量将较上年增加11%，达到创纪录的430万吨，非洲国家稻米进口量将较上年略增至1370万吨。2016年亚洲市场进口量依然很高，为2270万吨，虽然较上年小幅下降40万吨。出口方面，全球五大稻米出口国中的四个国家由于2015年稻米收成情况不佳，将减少稻米出口量。巴基斯坦、泰国和越南将通过释放库存，增加对外出口量，而印度和美国将会减少稻米出口。FAO预计2017年全球大米贸易量将达到4410万吨，较2016年下降1.4%或60万吨。主要原因是中国、印度尼西亚和菲律宾等亚洲国家，以及拉丁美洲和加勒比地区进口需求减少。而非洲国家进口量将增加，以满足人口不断增加对粮食的需求。在出口方面，预计印度稻米出口量将跌至6年来的最低点，为850万吨，这也是造成全球稻米贸易量下降的主要原因。其他稻米出口国的出口量将与2016年持平。

### 5. 稻米价格

在过去两年间，国际稻米价格一直保持稳定下行趋势，2015年10月FAO大米价格总指数（2002~2004=100）自2008年1月份以来首次跌至200点以下。之后从2015年11月份到2016年4月份，大米价格总指数保持稳定。2016年5月，国际籼稻和香米价格开始复苏，泰国基准100% B级白米价格达到每吨448美元，较 1 月份上涨 19%。近期国际籼稻价格回升，反映了由于全球五大主要稻米出口国中的 4 个国家 2015 年稻米产量下降，导致未来几个月全球稻米供给量减少，市场供给压力增加。在此背景下，自去年下半年以来一直保持低位的国际稻米价格反映出了稻米进口需求疲软，一些稻米进口国由于 2015 年稻米收成良好，货币贬值或抵制进口措施加强，造成进口需求下降，一些稻米进口国等待国际稻米价格进一步下跌后再出手。在接下来的几个月，国际稻米价格能否继续上涨主要取决于稻米种植进程，还取决于进口以及政府稻米库存释放的时间和数量。

### （四）油脂油料

FAO 预测，受到厄尔尼诺气候影响，2015/16 年度全球油料产量将有所下降，油料和油粕消费预计将上升，油料及其衍生产品的供需将处于紧平衡。预计期末库存将出现下降。油料油籽油粕价格将在未来几个月受到上行压力的影响。FAO 初步预测，2016/17 年度油籽产量仅略有回升，消费将进一步增长，油籽、油料和油粕将延续本年度库存下降，价格走高的趋势。2015/16 年度，油脂和饼粕的贸易量增长速度较 2014/15 年度将有所放缓。

**表 5　全球油料供需概况**

| | 2014/15 年 | 2015/16 年估计值 | 2016/17 年预测值 | 年度变化 2016/17 年较 2015/16 年 |
|---|---|---|---|---|
| | 百万吨 | | | % |
| 总体油料 | | | | |
| 生产 | 513.3 | 548 | 532.7 | −2.8 |
| 油脂 | | | | |
| 生产 | 203.3 | 210.9 | 207.4 | −1.6 |
| 供给 | 236.0 | 247.3 | 245.9 | −0.5 |
| 消费 | 199.3 | 205.9 | 211.5 | 2.7 |
| 贸易 | 108.1 | 114.0 | 117.0 | 2.6 |
| 全球库存消费比（%） | 18.2 | 18.7 | 16.4 | |
| 主要出口国库存消耗比（%） | 10.4 | 11.1 | 9.6 | |
| 饼粕 | | | | |
| 生产 | 128.8 | 140.9 | 137.7 | −2.2 |
| 供给 | 146.9 | 162.1 | 163.7 | 1.0 |
| 消费 | 125.9 | 133.4 | 139.2 | 4.3 |
| 贸易 | 81.4 | 86.4 | 89.5 | 3.5 |
| 全球库存消费比（%） | 16.8 | 19.5 | 17.4 | |
| 主要出口国库存消耗比（%） | 9.0 | 11.3 | 10.6 | |
| FAO 价格指数（1 月 /12 月）（2002~2004=100） | 2014 年 | 2015 年 | 2016 年 1~5 月 | 变化 2016 年 1~5 月较 2015 年 1~5 月 % |
| 油料 | 184 | 149 | 148 | −3.1 |
| 饼粕 | 243 | 179 | 160 | −16.1 |
| 油脂 | 181 | 147 | 156 | 1.4 |

### 1. 油脂油料生产

FAO预计，2015/16年度全球油料产量将出现3年来的首次下降，为5.327亿吨，较上年下降2.8%。主要原因是与厄尔尼诺现象相关的不良天气将造成全球油菜籽、棉花籽和南美洲大豆减产。预计全球大豆产量将达到3.139亿吨，较上年下降1.8%。油菜籽产量预测达到6800万吨，较上年下降4.6%。

预测2015/16年度全球油脂产量较上年减少1.6%，达到2.074亿吨，主要原因是除葵花籽外的所有主要植物油品种都将出现减产。油菜籽、棉花籽、棕榈仁将分别减产4.6%、12.4%、2%。预计全球油脂供应量为2.459亿吨，将较上年减少约0.5%。

### 2. 油脂油料消费

预计全球油脂2015/16年度消费量为2.115亿吨，较上年增长2.7%。油脂消费增长主要来自大豆、棕榈和油菜籽。除棉花籽外，其他油脂品种消费基本维持上年水平。一些国家经济增长乏力、加上生物燃料制造领域需求不振使得全球油脂的消费量增速总体放缓。

预计2015/16年度全球饼粕消费量为1.392亿吨，较上年增加4.3%，主要原因是持续低迷的价格和畜牧业需求上涨。

### 3. 油脂油料库存

FAO预测2015/16年度全球油脂期末库存（包括油脂库存和油料库存中的油）将达到3470万吨，较上年历史最高纪录下降10%。预计除大豆期末库存量将维持不变外，其他主要油料作物的库存都将降至近年来的最低点，尤其是棕榈油和菜籽油。全球油脂库存消费比将达到16.4%，主要出口国的油脂库存消耗比预计将达到9.6%。

FAO预计，2015/16年度全球饼粕产量与消费需求相比，将存在近100万吨的缺口，这将造成饼粕库存下降。大豆粕占总库存之比预计将达到90%。全球饼粕库存消费比和主要出口国饼粕库存消费比预计将分别达到17.4%和10.6%。

### 4. 油脂油料贸易

FAO预测，2015/16年度全球油脂贸易量将达到1.17亿吨（包括交易油料中所含的油），较上年增长2.6%。受减产因素影响，全球棕榈油交易量将有可能下降，大豆油的交易量预计达到历史最高，葵花籽油的交易量也将出现上升，菜籽油交易量预计将维持现有水平。

全球饼粕贸易量（包括交易油料中所含的油）预计在2015/16年度达到8950万吨，较上年增长3.5%。预计大豆油粕贸易量将达到历史最高，抵消菜籽油粕交易量下降的影响。

### 5. 油脂油料价格

FAO预测，2015/16年度，由于供需紧平衡造成库存下降，油料产品的价格将稳中有升。2015年末，一直处于低迷的油籽和植物油价格停止了下降趋势，从2016年3月开始反弹。饼粕价格直到2016年3月前才结束了向下走势，开始强劲反弹。油籽价格上升的主要因素是大豆。南美大豆产量萎缩，加上以中国为主的进口国需求上升，造成大豆价格上升。东南亚棕榈油减产也是油料价格上升的原因之一。同样的原因也将导致饼粕价格上升。

（外事司编译自FAO 2016年6月《Food Outlook》）

# 四 粮食行业统计资料

1. 全国主要粮食及油料播种面积（1978 ~ 2015 年）
2. 全国主要粮食及油料产量 (1978 ~ 2015 年 )
3. 全国主要粮食及油料单位面积产量 (1978 ~ 2015 年 )
4. 各地区粮食播种面积（2014 ~ 2015 年）
5. 各地区粮食总产量（2014 ~ 2015 年）
6. 各地区粮食单位面积产量（2014 ~ 2015 年）
7. 2015 年各地区粮食及油料播种面积和产量
8. 2015 年各地区人均农产品占有量
9. 农产品生产者价格指数（2008 ~ 2015 年）
10. 居民消费价格指数（2011 ~ 2015 年）
11. 粮食成本收益变化情况表（1991 ~ 2015 年）
12. 全国国有粮食企业主要粮食品种收购量（1978 ~ 2015 年）
13. 全国国有粮食企业主要粮食品种销售量（1978 ~ 2015 年）
14. 全国粮油进口情况表（1992 ~ 2015 年）
15. 全国粮油出口情况表（1992 ~ 2015 年）

## 1. 全国主要粮食及油料播种面积（1978 ~ 2015 年）

单位：千公顷

| 年　份 | 粮食 | | | | | 油料 |
|---|---|---|---|---|---|---|
| | | 稻谷 | 小麦 | 玉米 | 大豆 | |
| 1978 | 120587 | 34421 | 29183 | 19961 | 7144 | 6222 |
| 1979 | 119263 | 33873 | 29357 | 20133 | 7247 | 7051 |
| 1980 | 117234 | 33878 | 28844 | 20087 | 7226 | 7928 |
| 1981 | 114958 | 33295 | 28307 | 19425 | 8024 | 9134 |
| 1982 | 113462 | 33071 | 27955 | 18543 | 8419 | 9343 |
| 1983 | 114047 | 33136 | 29050 | 18824 | 7567 | 8390 |
| 1984 | 112884 | 33178 | 29576 | 18537 | 7286 | 8678 |
| 1985 | 108845 | 32070 | 29218 | 17694 | 7718 | 11800 |
| 1986 | 110933 | 32266 | 29616 | 19124 | 8295 | 11415 |
| 1987 | 111268 | 32193 | 28798 | 20212 | 8445 | 11181 |
| 1988 | 110123 | 31987 | 28785 | 19692 | 8120 | 10619 |
| 1989 | 112205 | 32700 | 29841 | 20353 | 8057 | 10504 |
| 1990 | 113466 | 33064 | 30753 | 21401 | 7560 | 10900 |
| 1991 | 112314 | 32590 | 30948 | 21574 | 7041 | 11530 |
| 1992 | 110560 | 32090 | 30496 | 21044 | 7221 | 11489 |
| 1993 | 110509 | 30355 | 30235 | 20694 | 9454 | 11142 |
| 1994 | 109544 | 30171 | 28981 | 21152 | 9222 | 12081 |
| 1995 | 110060 | 30744 | 28860 | 22776 | 8127 | 13102 |
| 1996 | 112548 | 31406 | 29611 | 24498 | 7471 | 12555 |
| 1997 | 112912 | 31765 | 30057 | 23775 | 8346 | 12381 |
| 1998 | 113787 | 31214 | 29774 | 25239 | 8500 | 12919 |
| 1999 | 113161 | 31283 | 28855 | 25904 | 7962 | 13906 |
| 2000 | 108463 | 29962 | 26653 | 23056 | 9307 | 15400 |
| 2001 | 106080 | 28812 | 24664 | 24282 | 9482 | 14631 |
| 2002 | 103891 | 28202 | 23908 | 24634 | 8720 | 14766 |
| 2003 | 99410 | 26508 | 21997 | 24068 | 9313 | 14990 |
| 2004 | 101606 | 28379 | 21626 | 25446 | 9589 | 14431 |
| 2005 | 104278 | 28847 | 22793 | 26358 | 9591 | 14318 |
| 2006 | 104958 | 28938 | 23613 | 28463 | 9304 | 11738 |
| 2007 | 105638 | 28919 | 23721 | 29478 | 8754 | 11316 |
| 2008 | 106793 | 29241 | 23617 | 29864 | 9127 | 12825 |
| 2009 | 108986 | 29627 | 24291 | 31183 | 9190 | 13652 |
| 2010 | 109876 | 29873 | 24257 | 32500 | 8516 | 13890 |
| 2011 | 110573 | 30057 | 24270 | 33542 | 7889 | 13855 |
| 2012 | 111205 | 30137 | 24268 | 35029 | 7172 | 13930 |
| 2013 | 111956 | 30312 | 24117 | 36318 | 6791 | 14023 |
| 2014 | 112723 | 30310 | 24069 | 37123 | 6800 | 14043 |
| 2015 | 113343 | 30216 | 24141 | 38119 | 6506 | 14035 |

数据来源：国家统计局统计资料。

## 2. 全国主要粮食及油料产量（1978 ~ 2015 年）

单位：万吨

| 年 份 | 粮食 | | | | | 油料 |
|---|---|---|---|---|---|---|
| | | 稻谷 | 小麦 | 玉米 | 大豆 | |
| 1978 | 30476.5 | 13693.0 | 5384.0 | 5594.5 | 756.5 | 521.8 |
| 1979 | 33211.5 | 14375.0 | 6273.0 | 6003.5 | 746.0 | 643.5 |
| 1980 | 32055.5 | 13990.5 | 5520.5 | 6260.0 | 794.0 | 769.1 |
| 1981 | 32502.0 | 14395.5 | 5964.0 | 5920.5 | 932.5 | 1020.5 |
| 1982 | 35450.0 | 16159.5 | 6847.0 | 6056.0 | 903.0 | 1181.7 |
| 1983 | 38727.5 | 16886.5 | 8139.0 | 6820.5 | 976.0 | 1055.0 |
| 1984 | 40730.5 | 17825.5 | 8781.5 | 7341.0 | 969.5 | 1191.0 |
| 1985 | 37910.8 | 16856.9 | 8580.5 | 6382.6 | 1050.0 | 1578.4 |
| 1986 | 39151.2 | 17222.4 | 9004.0 | 7085.6 | 1161.4 | 1473.8 |
| 1987 | 40297.7 | 17426.2 | 8590.2 | 7924.1 | 1246.5 | 1527.8 |
| 1988 | 39408.1 | 16910.7 | 8543.2 | 7735.1 | 1164.5 | 1320.3 |
| 1989 | 40754.9 | 18013.0 | 9080.7 | 7892.8 | 1022.7 | 1295.2 |
| 1990 | 44624.3 | 18933.1 | 9822.9 | 9681.9 | 1100.0 | 1613.2 |
| 1991 | 43529.3 | 18381.3 | 9595.3 | 9877.3 | 971.3 | 1638.3 |
| 1992 | 44265.8 | 18622.2 | 10158.7 | 9538.3 | 1030.4 | 1641.2 |
| 1993 | 45648.8 | 17751.4 | 10639.0 | 10270.4 | 1530.7 | 1803.9 |
| 1994 | 44510.1 | 17593.3 | 9929.7 | 9927.5 | 1599.9 | 1989.6 |
| 1995 | 46661.8 | 18522.6 | 10220.7 | 11198.6 | 1350.2 | 2250.3 |
| 1996 | 50453.5 | 19510.3 | 11056.9 | 12747.1 | 1322.4 | 2210.6 |
| 1997 | 49417.1 | 20073.5 | 12328.9 | 10430.9 | 1473.2 | 2157.4 |
| 1998 | 51229.5 | 19871.3 | 10972.6 | 13295.4 | 1515.2 | 2313.9 |
| 1999 | 50838.6 | 19848.7 | 11388.0 | 12808.6 | 1424.5 | 2601.2 |
| 2000 | 46217.5 | 18790.8 | 9963.6 | 10600.0 | 1540.9 | 2954.8 |
| 2001 | 45263.7 | 17758.0 | 9387.3 | 11408.8 | 1540.6 | 2864.9 |
| 2002 | 45705.8 | 17453.9 | 9029.0 | 12130.8 | 1650.5 | 2897.2 |
| 2003 | 43069.5 | 16065.6 | 8648.8 | 11583.0 | 1539.3 | 2811.0 |
| 2004 | 46946.9 | 17908.8 | 9195.2 | 13028.7 | 1740.1 | 3065.9 |
| 2005 | 48402.2 | 18058.8 | 9744.5 | 13936.5 | 1634.8 | 3077.1 |
| 2006 | 49804.2 | 18171.8 | 10846.6 | 15160.3 | 1508.2 | 2640.3 |
| 2007 | 50160.3 | 18603.4 | 10929.8 | 15230.0 | 1272.5 | 2568.7 |
| 2008 | 52870.9 | 19189.6 | 11246.4 | 16591.4 | 1554.2 | 2952.8 |
| 2009 | 53082.1 | 19510.3 | 11511.5 | 16397.4 | 1498.2 | 3154.3 |
| 2010 | 54647.7 | 19576.1 | 11518.1 | 17724.5 | 1508.3 | 3230.1 |
| 2011 | 57120.8 | 20100.1 | 11740.1 | 19278.1 | 1448.5 | 3306.8 |
| 2012 | 58958.0 | 20423.6 | 12102.3 | 20561.4 | 1305.0 | 3436.8 |
| 2013 | 60193.8 | 20361.2 | 12192.6 | 21848.9 | 1195.1 | 3517.0 |
| 2014 | 60702.6 | 20650.7 | 12620.8 | 21564.6 | 1215.4 | 3507.4 |
| 2015 | 62143.9 | 20822.5 | 13018.5 | 22463.2 | 1178.5 | 3537.0 |

数据来源：国家统计局统计资料。

## 3. 全国主要粮食及油料单位面积产量（1978 ～ 2015 年）

单位：公斤 / 公顷

| 年　份 | 粮食 | 稻谷 | 小麦 | 玉米 | 大豆 | 油料 |
|---|---|---|---|---|---|---|
| 1978 | 2527.3 | 3978.1 | 1844.9 | 2802.7 | 1059.0 | 838.6 |
| 1979 | 2784.7 | 4243.8 | 2136.8 | 2981.9 | 1029.4 | 912.7 |
| 1980 | 2734.3 | 4129.6 | 1913.9 | 3116.4 | 1098.8 | 970.0 |
| 1981 | 2827.3 | 4323.7 | 2106.9 | 3047.9 | 1162.2 | 1117.2 |
| 1982 | 3124.4 | 4886.3 | 2449.3 | 3265.9 | 1072.6 | 1264.8 |
| 1983 | 3395.7 | 5096.1 | 2801.7 | 3623.3 | 1289.8 | 1257.4 |
| 1984 | 3608.2 | 5372.6 | 2969.1 | 3960.3 | 1330.6 | 1372.5 |
| 1985 | 3483.0 | 5256.3 | 2936.7 | 3607.2 | 1360.5 | 1337.7 |
| 1986 | 3529.3 | 5337.6 | 3040.2 | 3705.1 | 1400.2 | 1291.1 |
| 1987 | 3621.7 | 5413.1 | 2982.9 | 3920.6 | 1476.0 | 1366.5 |
| 1988 | 3578.6 | 5286.7 | 2968.0 | 3928.1 | 1434.1 | 1243.3 |
| 1989 | 3632.2 | 5508.5 | 3043.0 | 3877.9 | 1269.3 | 1233.1 |
| 1990 | 3932.8 | 5726.1 | 3194.1 | 4523.9 | 1455.1 | 1479.9 |
| 1991 | 3875.7 | 5640.2 | 3100.5 | 4578.3 | 1379.5 | 1421.0 |
| 1992 | 4003.8 | 5803.1 | 3331.2 | 4532.7 | 1427.0 | 1428.4 |
| 1993 | 4130.8 | 5847.9 | 3518.8 | 4963.0 | 1619.1 | 1619.0 |
| 1994 | 4063.2 | 5831.1 | 3426.3 | 4693.4 | 1734.9 | 1646.9 |
| 1995 | 4239.7 | 6024.8 | 3541.5 | 4916.9 | 1661.4 | 1717.6 |
| 1996 | 4482.8 | 6212.4 | 3734.1 | 5203.3 | 1770.2 | 1760.7 |
| 1997 | 4376.6 | 6319.4 | 4101.9 | 4387.3 | 1765.1 | 1742.5 |
| 1998 | 4502.2 | 6366.2 | 3685.3 | 5267.8 | 1782.5 | 1791.0 |
| 1999 | 4492.6 | 6344.8 | 3946.6 | 4944.7 | 1789.2 | 1870.5 |
| 2000 | 4261.2 | 6271.6 | 3738.2 | 4597.5 | 1655.7 | 1918.7 |
| 2001 | 4266.9 | 6163.3 | 3806.1 | 4698.4 | 1624.8 | 1958.1 |
| 2002 | 4399.4 | 6189.0 | 3776.5 | 4924.5 | 1892.9 | 1962.0 |
| 2003 | 4332.5 | 6060.7 | 3931.8 | 4812.6 | 1652.9 | 1875.2 |
| 2004 | 4620.5 | 6310.6 | 4251.9 | 5120.2 | 1814.8 | 2124.6 |
| 2005 | 4641.6 | 6260.2 | 4275.3 | 5287.3 | 1704.5 | 2149.2 |
| 2006 | 4745.2 | 6279.6 | 4593.4 | 5326.3 | 1620.9 | 2249.3 |
| 2007 | 4748.3 | 6433.0 | 4607.7 | 5166.7 | 1453.7 | 2270.0 |
| 2008 | 4950.8 | 6562.5 | 4762.0 | 5555.7 | 1702.8 | 2302.3 |
| 2009 | 4870.6 | 6585.3 | 4739.0 | 5258.5 | 1630.2 | 2310.5 |
| 2010 | 4973.6 | 6553.0 | 4748.4 | 5453.7 | 1771.2 | 2325.6 |
| 2011 | 5165.9 | 6687.3 | 4837.2 | 5747.5 | 1836.3 | 2386.7 |
| 2012 | 5301.8 | 6776.9 | 4986.9 | 5869.7 | 1819.6 | 2467.2 |
| 2013 | 5376.6 | 6717.3 | 5055.6 | 6015.9 | 1759.9 | 2508.1 |
| 2014 | 5385.1 | 6813.2 | 5243.5 | 5808.9 | 1787.3 | 2497.7 |
| 2015 | 5482.8 | 6891.3 | 5392.6 | 5892.9 | 1811.4 | 2520.2 |

数据来源：国家统计局统计资料。

## 4. 各地区粮食播种面积（2014 ~ 2015 年）

单位：千公顷

| 地　区 | 2014 年 | 2015 年 | 2015 年比 2014 年增加 | |
|---|---|---|---|---|
| | | | 绝对数 | % |
| 全国总计 | 112722.6 | 113342.9 | 620.3 | 0.6 |
| 东部地区 | 25144.5 | 25278.2 | 133.7 | 0.5 |
| 中部地区 | 33168.0 | 33303.5 | 135.6 | 0.4 |
| 西部地区 | 34477.8 | 34620.6 | 142.8 | 0.4 |
| 东北地区 | 19932.3 | 20140.6 | 208.3 | 1.0 |
| 北　京 | 120.2 | 104.5 | –15.7 | –13.1 |
| 天　津 | 345.8 | 350.0 | 4.2 | 1.2 |
| 河　北 | 6332.0 | 6392.5 | 60.5 | 1.0 |
| 山　西 | 3286.4 | 3287.2 | 0.8 | 0.0 |
| 内蒙古 | 5651.0 | 5726.7 | 75.7 | 1.3 |
| 辽　宁 | 3235.1 | 3297.4 | 62.3 | 1.9 |
| 吉　林 | 5000.7 | 5078.0 | 77.2 | 1.5 |
| 黑龙江 | 11696.4 | 11765.2 | 68.8 | 0.6 |
| 上　海 | 164.9 | 161.9 | –2.9 | –1.8 |
| 江　苏 | 5376.1 | 5424.6 | 48.6 | 0.9 |
| 浙　江 | 1266.8 | 1277.8 | 11.0 | 0.9 |
| 安　徽 | 6628.9 | 6632.9 | 4.0 | 0.1 |
| 福　建 | 1197.7 | 1193.2 | –4.5 | –0.4 |
| 江　西 | 3697.3 | 3705.6 | 8.3 | 0.2 |
| 山　东 | 7440.0 | 7492.1 | 52.1 | 0.7 |
| 河　南 | 10209.8 | 10267.2 | 57.3 | 0.6 |
| 湖　北 | 4370.4 | 4466.0 | 95.7 | 2.2 |
| 湖　南 | 4975.1 | 4944.7 | –30.5 | –0.6 |
| 广　东 | 2507.0 | 2505.8 | –1.2 | 0.0 |
| 广　西 | 3067.7 | 3059.3 | –8.3 | –0.3 |
| 海　南 | 394.0 | 375.6 | –18.4 | –4.7 |
| 重　庆 | 2242.5 | 2234.0 | –8.6 | –0.4 |
| 四　川 | 6467.4 | 6453.9 | –13.5 | –0.2 |
| 贵　州 | 3138.4 | 3114.9 | –23.4 | –0.7 |
| 云　南 | 4508.2 | 4487.3 | –20.9 | –0.5 |
| 西　藏 | 176.4 | 178.9 | 2.5 | 1.4 |
| 陕　西 | 3076.5 | 3073.5 | –3.0 | –0.1 |
| 甘　肃 | 2842.5 | 2849.6 | 7.2 | 0.3 |
| 青　海 | 280.1 | 277.1 | –3.0 | –1.1 |
| 宁　夏 | 771.3 | 770.4 | –0.9 | –0.1 |
| 新　疆 | 2255.9 | 2395.0 | 139.2 | 6.2 |

数据来源：国家统计局统计资料。

## 5. 各地区粮食总产量（2014 ~ 2015 年）

单位 : 万吨

| 地　区 | 2014 年 | 2015 年 | 2015 年比 2014 年增加 | |
|---|---|---|---|---|
| | | | 绝对数 | % |
| **全国总计** | **60702.6** | **62143.9** | **1441.3** | **2.4** |
| 东部地区 | 14768.2 | 14949.8 | 181.6 | 1.2 |
| 中部地区 | 18247.8 | 18719.7 | 471.9 | 2.6 |
| 西部地区 | 16157.6 | 16500.9 | 343.3 | 2.1 |
| 东北地区 | 11528.9 | 11973.5 | 444.6 | 3.9 |
| 北　京 | 63.9 | 62.6 | −1.3 | −2.0 |
| 天　津 | 176.0 | 181.7 | 5.8 | 3.3 |
| 河　北 | 3360.2 | 3363.8 | 3.6 | 0.1 |
| 山　西 | 1330.8 | 1259.6 | −71.2 | −5.4 |
| 内蒙古 | 2753.0 | 2827.0 | 74.0 | 2.7 |
| 辽　宁 | 1753.9 | 2002.5 | 248.6 | 14.2 |
| 吉　林 | 3532.8 | 3647.0 | 114.2 | 3.2 |
| 黑龙江 | 6242.2 | 6324.0 | 81.8 | 1.3 |
| 上　海 | 112.5 | 112.1 | −0.5 | −0.4 |
| 江　苏 | 3490.6 | 3561.3 | 70.7 | 2.0 |
| 浙　江 | 757.4 | 752.2 | −5.2 | −0.7 |
| 安　徽 | 3415.8 | 3538.1 | 122.3 | 3.6 |
| 福　建 | 667.0 | 661.1 | −5.9 | −0.9 |
| 江　西 | 2143.5 | 2148.7 | 5.2 | 0.2 |
| 山　东 | 4596.6 | 4712.7 | 116.1 | 2.5 |
| 河　南 | 5772.3 | 6067.1 | 294.8 | 5.1 |
| 湖　北 | 2584.2 | 2703.3 | 119.1 | 4.6 |
| 湖　南 | 3001.3 | 3002.9 | 1.7 | 0.1 |
| 广　东 | 1357.3 | 1358.1 | 0.8 | 0.1 |
| 广　西 | 1534.4 | 1524.8 | −9.7 | −0.6 |
| 海　南 | 186.6 | 184.0 | −2.6 | −1.4 |
| 重　庆 | 1144.5 | 1154.9 | 10.3 | 0.9 |
| 四　川 | 3374.9 | 3442.8 | 67.9 | 2.0 |
| 贵　州 | 1138.5 | 1180.0 | 41.5 | 3.6 |
| 云　南 | 1860.7 | 1876.4 | 15.7 | 0.8 |
| 西　藏 | 98.0 | 100.6 | 2.7 | 2.7 |
| 陕　西 | 1197.8 | 1226.8 | 29.0 | 2.4 |
| 甘　肃 | 1158.7 | 1171.1 | 12.5 | 1.1 |
| 青　海 | 104.8 | 102.7 | −2.1 | −2.0 |
| 宁　夏 | 377.9 | 372.6 | −5.3 | −1.4 |
| 新　疆 | 1414.5 | 1521.3 | 106.8 | 7.6 |

数据来源 : 国家统计局统计资料。

## 6. 各地区粮食单位面积产量（2014 ~ 2015 年）

单位：公斤 / 公顷

| 地 区 | 2014 年 | 2015 年 | 2015 年比 2014 年增加 | |
|---|---|---|---|---|
| | | | 绝对数 | % |
| 全国总计 | 5385.1 | 5482.8 | 97.7 | 1.8 |
| 东部地区 | 5873.3 | 5914.1 | 40.8 | 0.7 |
| 中部地区 | 5501.6 | 5620.9 | 119.3 | 2.2 |
| 西部地区 | 4686.4 | 4766.2 | 79.8 | 1.7 |
| 东北地区 | 5784.1 | 5945.0 | 160.9 | 2.8 |
| 北 京 | 5320.4 | 5996.6 | 676.2 | 12.7 |
| 天 津 | 5087.9 | 5192.1 | 104.3 | 2.0 |
| 河 北 | 5306.6 | 5262.1 | –44.5 | –0.8 |
| 山 西 | 4049.4 | 3831.8 | –217.6 | –5.4 |
| 内蒙古 | 4871.7 | 4936.6 | 64.8 | 1.3 |
| 辽 宁 | 5421.4 | 6072.9 | 651.5 | 12.0 |
| 吉 林 | 7064.7 | 7182.1 | 117.4 | 1.7 |
| 黑龙江 | 5336.8 | 5375.1 | 38.3 | 0.7 |
| 上 海 | 6826.4 | 6920.9 | 94.5 | 1.4 |
| 江 苏 | 6492.9 | 6565.1 | 72.2 | 1.1 |
| 浙 江 | 5978.8 | 5886.7 | –92.1 | –1.5 |
| 安 徽 | 5152.9 | 5334.2 | 181.3 | 3.5 |
| 福 建 | 5569.1 | 5540.5 | –28.6 | –0.5 |
| 江 西 | 5797.4 | 5798.5 | 1.1 | 0.0 |
| 山 东 | 6178.2 | 6290.2 | 112.0 | 1.8 |
| 河 南 | 5653.7 | 5909.2 | 255.6 | 4.5 |
| 湖 北 | 5913.0 | 6053.0 | 140.0 | 2.4 |
| 湖 南 | 6032.5 | 6073.1 | 40.6 | 0.7 |
| 广 东 | 5414.2 | 5419.9 | 5.7 | 0.1 |
| 广 西 | 5001.9 | 4983.9 | –17.9 | –0.4 |
| 海 南 | 4736.0 | 4898.3 | 162.2 | 3.4 |
| 重 庆 | 5103.8 | 5169.7 | 65.9 | 1.3 |
| 四 川 | 5218.3 | 5334.4 | 116.1 | 2.2 |
| 贵 州 | 3627.7 | 3788.2 | 160.5 | 4.4 |
| 云 南 | 4127.4 | 4181.5 | 54.1 | 1.3 |
| 西 藏 | 5553.9 | 5625.2 | 71.4 | 1.3 |
| 陕 西 | 3893.3 | 3991.5 | 98.2 | 2.5 |
| 甘 肃 | 4076.2 | 4109.8 | 33.5 | 0.8 |
| 青 海 | 3741.9 | 3707.5 | –34.4 | –0.9 |
| 宁 夏 | 4899.3 | 4836.3 | –63.0 | –1.3 |
| 新 疆 | 6270.2 | 6351.8 | 81.5 | 1.3 |

数据来源：国家统计局统计资料。

## 7. 2015年各地区粮食及油料播种面积和产量（一）

单位：千公顷；万吨；公斤 / 公顷

| 地 区 | 粮 食 | | | 稻 谷 | | |
|---|---|---|---|---|---|---|
| | 播种面积 | 总 产 量 | 每公顷产量 | 播种面积 | 总 产 量 | 每公顷产量 |
| 全国总计 | 113342.9 | 62143.9 | 5482.8 | 30215.7 | 20822.5 | 6891.3 |
| 东部地区 | 25278.2 | 14949.8 | 5914.1 | 6404.1 | 4502.5 | 7030.7 |
| 中部地区 | 33303.5 | 18719.7 | 5620.9 | 12536.6 | 8474.1 | 6759.5 |
| 西部地区 | 34620.6 | 16500.9 | 4766.2 | 6820.6 | 4548.4 | 6668.7 |
| 东北地区 | 20140.6 | 11973.5 | 5945.0 | 4454.5 | 3297.5 | 7402.6 |
| 北 京 | 104.5 | 62.6 | 5996.6 | 0.2 | 0.1 | 6971.4 |
| 天 津 | 350.0 | 181.7 | 5192.1 | 15.4 | 11.3 | 7378.3 |
| 河 北 | 6392.5 | 3363.8 | 5262.1 | 84.8 | 54.5 | 6430.8 |
| 山 西 | 3287.2 | 1259.6 | 3831.8 | 0.7 | 0.5 | 6714.3 |
| 内蒙古 | 5726.7 | 2827.0 | 4936.6 | 78.9 | 53.2 | 6736.5 |
| 辽 宁 | 3297.4 | 2002.5 | 6072.9 | 544.9 | 467.7 | 8582.7 |
| 吉 林 | 5078.0 | 3647.0 | 7182.1 | 761.7 | 630.1 | 8272.2 |
| 黑龙江 | 11765.2 | 6324.0 | 5375.1 | 3147.8 | 2199.7 | 6987.9 |
| 上 海 | 161.9 | 112.1 | 6920.9 | 97.8 | 84.1 | 8598.0 |
| 江 苏 | 5424.6 | 3561.3 | 6565.1 | 2291.6 | 1952.5 | 8520.2 |
| 浙 江 | 1277.8 | 752.2 | 5886.7 | 822.5 | 578.1 | 7028.9 |
| 安 徽 | 6632.9 | 3538.1 | 5334.2 | 2234.9 | 1459.3 | 6529.7 |
| 福 建 | 1193.2 | 661.1 | 5540.5 | 789.0 | 485.0 | 6147.7 |
| 江 西 | 3705.6 | 2148.7 | 5798.5 | 3342.4 | 2027.2 | 6065.1 |
| 山 东 | 7492.1 | 4712.7 | 6290.2 | 116.3 | 95.1 | 8178.5 |
| 河 南 | 10267.2 | 6067.1 | 5909.2 | 656.0 | 531.5 | 8102.4 |
| 湖 北 | 4466.0 | 2703.3 | 6053.0 | 2188.5 | 1810.7 | 8273.9 |
| 湖 南 | 4944.7 | 3002.9 | 6073.1 | 4114.1 | 2644.8 | 6428.6 |
| 广 东 | 2505.8 | 1358.1 | 5419.9 | 1887.3 | 1088.4 | 5767.1 |
| 广 西 | 3059.3 | 1524.8 | 4983.9 | 1983.9 | 1137.8 | 5735.3 |
| 海 南 | 375.6 | 184.0 | 4898.3 | 299.3 | 153.3 | 5121.3 |
| 重 庆 | 2234.0 | 1154.9 | 5169.7 | 688.3 | 506.36 | 7356.5 |
| 四 川 | 6453.9 | 3442.8 | 5334.4 | 1990.8 | 1552.6 | 7798.9 |
| 贵 州 | 3114.9 | 1180.0 | 3788.2 | 675.1 | 417.5 | 6184.5 |
| 云 南 | 4487.3 | 1876.4 | 4181.5 | 1134.8 | 659.7 | 5813.4 |
| 西 藏 | 178.9 | 100.6 | 5625.2 | 0.9 | 0.5 | 4787.2 |
| 陕 西 | 3073.5 | 1226.8 | 3991.5 | 122.8 | 91.9 | 7479.6 |
| 甘 肃 | 2849.6 | 1171.1 | 4109.8 | 4.5 | 3.1 | 6979.9 |
| 青 海 | 277.1 | 102.7 | 3707.5 | 0.0 | 0.0 | 0.0 |
| 宁 夏 | 770.4 | 372.6 | 4836.3 | 74.3 | 60.8 | 8171.9 |
| 新 疆 | 2395.0 | 1521.3 | 6351.8 | 66.2 | 65.1 | 9835.3 |

数据来源：国家统计局统计资料。

## 7. 2015 年各地区粮食及油料播种面积和产量（二）

单位：千公顷；万吨；公斤 / 公顷

| 地 区 | 小 麦 | | | 玉 米 | | |
|---|---|---|---|---|---|---|
| | 播种面积 | 总 产 量 | 每公顷产量 | 播种面积 | 总 产 量 | 每公顷产量 |
| 全国总计 | 24141.4 | 13018.5 | 5392.6 | 38119.3 | 22463.2 | 5892.9 |
| 东部地区 | 8565.8 | 5082.6 | 5933.6 | 7468.0 | 4262.7 | 5708.0 |
| 中部地区 | 9692.8 | 5616.3 | 5794.4 | 6968.8 | 3747.2 | 5377.1 |
| 西部地区 | 5806.0 | 2295.1 | 3952.9 | 11644.7 | 6699.9 | 5753.6 |
| 东北地区 | 76.9 | 24.6 | 3195.8 | 12037.9 | 7753.4 | 6440.8 |
| 北 京 | 20.8 | 11.1 | 5352.9 | 76.3 | 49.4 | 6481.7 |
| 天 津 | 109.2 | 59.8 | 5479.7 | 214.7 | 107.3 | 4998.4 |
| 河 北 | 2318.9 | 1435.0 | 6188.4 | 3248.1 | 1670.4 | 5142.6 |
| 山 西 | 675.1 | 271.4 | 4020.6 | 1676.9 | 862.7 | 5145.0 |
| 内蒙古 | 564.1 | 158.3 | 2805.6 | 3407.2 | 2250.8 | 6605.9 |
| 辽 宁 | 5.6 | 2.7 | 4828.8 | 2416.8 | 1403.5 | 5807.3 |
| 吉 林 | 0.3 | 0.1 | 4030.2 | 3800.0 | 2805.7 | 7383.6 |
| 黑龙江 | 71.1 | 21.8 | 3065.2 | 5821.1 | 3544.1 | 6088.4 |
| 上 海 | 45.5 | 19.9 | 4380.6 | 3.4 | 2.1 | 6117.8 |
| 江 苏 | 2178.8 | 1174.0 | 5388.4 | 451.7 | 252.2 | 5583.1 |
| 浙 江 | 89.8 | 35.1 | 3912.0 | 69.5 | 31.1 | 4470.0 |
| 安 徽 | 2457.0 | 1411.0 | 5742.8 | 881.6 | 496.3 | 5629.5 |
| 福 建 | 2.1 | 0.6 | 2919.2 | 51.5 | 21.5 | 4169.6 |
| 江 西 | 12.2 | 2.6 | 2147.5 | 30.3 | 12.8 | 4227.2 |
| 山 东 | 3799.8 | 2346.6 | 6175.5 | 3173.8 | 2050.9 | 6462.0 |
| 河 南 | 5425.7 | 3501.0 | 6452.7 | 3343.9 | 1853.7 | 5543.4 |
| 湖 北 | 1093.4 | 420.9 | 3849.6 | 687.8 | 332.9 | 4839.6 |
| 湖 南 | 29.4 | 9.4 | 3184.8 | 348.4 | 188.8 | 5420.5 |
| 广 东 | 0.9 | 0.3 | 3296.7 | 179.0 | 77.9 | 4350.1 |
| 广 西 | 5.1 | 0.9 | 1728.9 | 622.6 | 280.7 | 4508.2 |
| 海 南 | 0.0 | 0.0 | 0.0 | 0.0 | 0.0 | 0.0 |
| 重 庆 | 69.7 | 22.9 | 3279.1 | 470.8 | 259.7 | 5516.2 |
| 四 川 | 1119.0 | 426.3 | 3809.7 | 1402.0 | 765.7 | 5461.5 |
| 贵 州 | 248.7 | 61.7 | 2479.9 | 763.2 | 324.1 | 4246.2 |
| 云 南 | 432.7 | 90.6 | 2093.8 | 1517.3 | 747.3 | 4925.2 |
| 西 藏 | 36.3 | 23.4 | 6438.2 | 4.5 | 0.8 | 1854.3 |
| 陕 西 | 1085.6 | 458.1 | 4219.8 | 1151.7 | 543.1 | 4715.5 |
| 甘 肃 | 794.8 | 281.0 | 3535.5 | 1014.2 | 577.2 | 5691.0 |
| 青 海 | 88.2 | 34.1 | 3868.0 | 27.5 | 18.6 | 6774.5 |
| 宁 夏 | 122.5 | 39.6 | 3237.2 | 301.8 | 226.9 | 7518.3 |
| 新 疆 | 1239.3 | 698.3 | 5634.1 | 961.9 | 705.1 | 7330.0 |

数据来源：国家统计局统计资料。

## 7. 2015年各地区粮食及油料播种面积和产量（三）

单位：千公顷；万吨；公斤/公顷

| 地 区 | 大 豆 | | | 油 料 | | |
|---|---|---|---|---|---|---|
| | 播种面积 | 总产量 | 每公顷产量 | 播种面积 | 总产量 | 每公顷产量 |
| 全国总计 | 6506.1 | 1178.5 | 1811.4 | 14034.6 | 3537.0 | 2520.2 |
| 东部地区 | 692.2 | 166.8 | 2410.3 | 2384.6 | 804.5 | 3373.9 |
| 中部地区 | 1670.9 | 263.0 | 1574.1 | 6203.3 | 1549.4 | 2497.6 |
| 西部地区 | 1473.9 | 267.3 | 1813.3 | 4797.7 | 1042.2 | 2172.3 |
| 东北地区 | 2669.1 | 481.4 | 1803.7 | 649.0 | 140.9 | 2170.6 |
| 北 京 | 3.5 | 0.7 | 1877.2 | 2.1 | 0.6 | 2674.3 |
| 天 津 | 6.0 | 1.2 | 2007.5 | 1.3 | 0.4 | 3213.6 |
| 河 北 | 115.9 | 22.6 | 1949.5 | 461.6 | 151.5 | 3283.1 |
| 山 西 | 189.4 | 20.2 | 1065.0 | 121.2 | 15.3 | 1262.8 |
| 内蒙古 | 530.0 | 88.8 | 1674.8 | 913.4 | 193.6 | 2119.4 |
| 辽 宁 | 107.1 | 24.0 | 2240.2 | 285.3 | 46.1 | 1616.7 |
| 吉 林 | 161.4 | 29.0 | 1799.1 | 269.2 | 76.4 | 2839.3 |
| 黑龙江 | 2400.6 | 428.4 | 1784.5 | 94.6 | 18.3 | 1938.4 |
| 上 海 | 2.2 | 0.6 | 2605.8 | 5.1 | 1.2 | 2331.7 |
| 江 苏 | 201.5 | 48.3 | 2397.1 | 475.5 | 143.1 | 3010.1 |
| 浙 江 | 91.2 | 23.4 | 2565.0 | 146.1 | 31.3 | 2145.8 |
| 安 徽 | 820.9 | 126.8 | 1545.0 | 772.1 | 227.9 | 2951.1 |
| 福 建 | 68.4 | 17.9 | 2619.5 | 119.0 | 30.7 | 2577.6 |
| 江 西 | 103.5 | 24.3 | 2348.6 | 739.9 | 124.0 | 1675.4 |
| 山 东 | 137.2 | 34.8 | 2539.6 | 758.3 | 324.1 | 4274.3 |
| 河 南 | 366.0 | 49.9 | 1363.2 | 1600.8 | 599.7 | 3746.5 |
| 湖 北 | 100.3 | 21.2 | 2113.5 | 1524.2 | 339.6 | 2228.1 |
| 湖 南 | 90.8 | 20.6 | 2269.9 | 1445.1 | 242.9 | 1680.9 |
| 广 东 | 63.6 | 16.7 | 2620.7 | 375.6 | 110.3 | 2937.8 |
| 广 西 | 96.0 | 14.2 | 1482.6 | 248.4 | 64.7 | 2604.3 |
| 海 南 | 2.7 | 0.7 | 2556.9 | 40.1 | 11.3 | 2805.4 |
| 重 庆 | 104.4 | 20.8 | 1989.6 | 309.3 | 59.9 | 1935.6 |
| 四 川 | 226.5 | 52.7 | 2326.7 | 1298.3 | 307.6 | 2368.9 |
| 贵 州 | 135.1 | 12.6 | 932.6 | 591.0 | 101.3 | 1714.8 |
| 云 南 | 121.7 | 30.9 | 2539.0 | 356.0 | 65.9 | 1851.4 |
| 西 藏 | 0.1 | 0.0 | 3750.0 | 23.8 | 6.4 | 2689.9 |
| 陕 西 | 111.1 | 12.3 | 1104.9 | 298.8 | 62.7 | 2097.5 |
| 甘 肃 | 82.3 | 17.0 | 2060.5 | 320.2 | 71.6 | 2235.1 |
| 青 海 | 0.0 | 0.0 | 0.0 | 144.9 | 30.5 | 2104.1 |
| 宁 夏 | 9.6 | 1.4 | 1464.4 | 75.4 | 15.3 | 2023.9 |
| 新 疆 | 57.3 | 16.7 | 2906.0 | 218.3 | 62.9 | 2880.2 |

数据来源：国家统计局统计资料。

## 8. 2015 年各地区人均农产品占有量

单位：公斤

| 地 区 | 粮食 | 棉花 | 油料 | 糖料 | 水果 | 水产品 |
|---|---|---|---|---|---|---|
| 全国总计 | 453.20 | 4.09 | 25.79 | 91.16 | 199.6 | 47.1 |
| 北 京 | 28.98 | 0.00 | 0.26 | 0.00 | 40.7 | 3.2 |
| 天 津 | 118.6 | 1.67 | 0.3 | 0.00 | 40.9 | 26.6 |
| 河 北 | 454.3 | 5.04 | 20.5 | 12.04 | 285.9 | 17.1 |
| 山 西 | 344.5 | 0.40 | 4.2 | 1.50 | 230.5 | 1.4 |
| 内蒙古 | 1127.2 | 0.01 | 77.2 | 91.75 | 118.3 | 5.9 |
| 辽 宁 | 456.5 | 0.00 | 10.5 | 1.19 | 201.1 | 119.8 |
| 吉 林 | 1324.8 | 0.00 | 27.8 | 0.47 | 75.9 | 6.9 |
| 黑龙江 | 1654.5 | 0.00 | 4.8 | 1.91 | 55.8 | 13.4 |
| 上 海 | 46.3 | 0.02 | 0.5 | 0.24 | 25.4 | 13.7 |
| 江 苏 | 446.9 | 1.47 | 18.0 | 1.19 | 114.8 | 65.1 |
| 浙 江 | 136.2 | 0.36 | 5.7 | 11.25 | 134.1 | 104.0 |
| 安 徽 | 578.8 | 3.82 | 37.3 | 3.32 | 168.5 | 36.6 |
| 福 建 | 172.9 | 0.00 | 8.0 | 11.40 | 219.0 | 182.0 |
| 江 西 | 471.8 | 2.53 | 27.2 | 14.45 | 145.7 | 55.7 |
| 山 东 | 480.0 | 5.47 | 33.0 | 0.00 | 327.8 | 92.0 |
| 河 南 | 641.5 | 1.34 | 63.4 | 2.57 | 281.8 | 9.7 |
| 湖 北 | 463.4 | 5.10 | 58.2 | 5.49 | 165.6 | 74.3 |
| 湖 南 | 444.2 | 2.14 | 35.9 | 9.76 | 145.1 | 36.7 |
| 广 东 | 125.9 | 0.00 | 10.2 | 134.69 | 152.8 | 77.5 |
| 广 西 | 319.3 | 0.05 | 13.5 | 1571.71 | 360.2 | 69.6 |
| 海 南 | 202.8 | 0.00 | 12.4 | 291.87 | 447.5 | 217.6 |
| 重 庆 | 384.5 | 0.00 | 19.9 | 3.25 | 125.2 | 14.8 |
| 四 川 | 421.3 | 0.12 | 37.6 | 6.63 | 114.3 | 16.2 |
| 贵 州 | 335.3 | 0.03 | 28.8 | 44.36 | 63.9 | 6.0 |
| 云 南 | 396.9 | 0.00 | 13.9 | 408.23 | 153.7 | 12.3 |
| 西 藏 | 313.7 | 0.00 | 20.0 | 0.00 | 4.6 | 0.1 |
| 陕 西 | 324.2 | 1.02 | 16.6 | 0.04 | 510.3 | 3.7 |
| 甘 肃 | 451.3 | 1.64 | 27.6 | 6.18 | 261.6 | 0.6 |
| 青 海 | 175.3 | 0.00 | 52.0 | 0.05 | 6.2 | 1.5 |
| 宁 夏 | 560.5 | 0.00 | 22.9 | 0.00 | 449.7 | 24.5 |
| 新 疆 | 653.2 | 150.40 | 27.0 | 192.48 | 702.0 | 6.2 |

数据来源：国家统计局统计资料。

## 9. 农产品生产者价格指数（2008 ~ 2015 年）

（上年= 100)

| 指　　标 | 2008 年 | 2009 年 | 2010 年 | 2011 年 | 2012 年 | 2013 年 | 2014 年 | 2015 年 |
|---|---|---|---|---|---|---|---|---|
| 农产品生产者价格指数 | 114.1 | 97.6 | 110.9 | 116.5 | 102.7 | 103.2 | 99.8 | 101.7 |
| 农业产品 | 108.4 | 102.9 | 116.6 | 107.8 | 104.8 | 104.3 | 101.8 | 99.2 |
| 谷物 | 107.1 | 104.9 | 112.8 | 109.7 | 104.8 | 103.1 | 102.7 | 98.7 |
| 小麦 | 108.7 | 107.9 | 107.9 | 105.2 | 102.9 | 106.7 | 105.1 | 99.2 |
| 稻谷 | 106.6 | 105.2 | 112.8 | 113.3 | 104.1 | 102.2 | 102.2 | 101.6 |
| 玉米 | 107.3 | 98.5 | 116.1 | 109.9 | 106.6 | 100.2 | 101.7 | 96.5 |
| 大豆 | 119.7 | 92.3 | 107.9 | 106.3 | 105.7 | 105.7 | 101.8 | 99.0 |
| 油料 | 128.0 | 94.2 | 112.1 | 112.1 | 105.2 | 102.4 | 99.9 | 100.8 |
| 棉花 | 90.6 | 111.8 | 157.7 | 79.5 | 98.1 | 103.9 | 87.1 | 87.5 |
| 糖料 | 98.4 | 101.5 | 106.0 | 125.5 | 105.0 | 98.9 | 99.7 | 98.8 |
| 蔬菜 | 104.7 | 111.8 | 116.8 | 103.4 | 109.9 | 106.9 | 98.5 | 104.6 |
| 水果 | 101.4 | 107.0 | 118.9 | 106.2 | 103.9 | 106.2 | 106.4 | 99.7 |
| 林业产品 | 108.5 | 94.9 | 122.8 | 114.9 | 101.2 | 99.1 | 99.4 | 97.9 |
| 畜牧产品 | 123.9 | 90.1 | 103.0 | 126.2 | 99.7 | 102.4 | 97.1 | 104.2 |
| 猪（毛重） | 130.8 | 81.6 | 98.3 | 137.0 | 95.9 | 99.3 | 92.2 | 108.9 |
| 牛（毛重） | 123.6 | 101.0 | 104.7 | 108.1 | 116.8 | 113.1 | 104.4 | 99.1 |
| 羊（毛重） | 118.8 | 101.1 | 108.7 | 115.7 | 107.8 | 109.1 | 100.8 | 89.4 |
| 家禽（毛重） | 111.9 | 102.2 | 107.0 | 112.0 | 103.8 | 103.2 | 104.4 | 101.3 |
| 蛋类 | 112.2 | 102.8 | 107.5 | 112.6 | 100.5 | 105.8 | 105.7 | 96.9 |
| 奶类 | 125.5 | 91.6 | 115.3 | 108.1 | 103.9 | 111.0 | 107.9 | 92.2 |
| 渔业产品 | 111.2 | 99.0 | 107.6 | 110.0 | 106.2 | 104.3 | 103.1 | 102.5 |
| 海水养殖产品 | | | | 111.5 | 101.0 | 100.7 | 101.9 | 101.0 |
| 海水捕捞产品 | | | | 111.2 | 110.9 | 107.7 | 103.1 | 106.0 |
| 淡水养殖产品 | | | | 109.5 | 106.8 | 104.7 | 103.8 | 102.1 |
| 淡水捕捞产品 | | | | 103.7 | 107.2 | 103.5 | 101.5 | |

数据来源：国家统计局统计资料。

## 10. 居民消费价格指数（2011 ~ 2015 年）

（上年＝100）

| 项　目 | 2011 年 | 2012 年 | 2013 年 | 2014 年 | 2015 年 |
|---|---|---|---|---|---|
| **居民消费价格指数** | **105.4** | **102.6** | **102.6** | **102.0** | **101.4** |
| **食品** | **111.8** | **104.8** | **104.7** | **103.1** | **102.3** |
| # 粮食 | 112.2 | 104.0 | 104.6 | 103.1 | 102.0 |
| 油脂 | 113.4 | 105.1 | 100.3 | 95.1 | 96.8 |
| 肉禽及其制品 | 122.6 | 102.1 | 104.3 | 100.4 | 105.0 |
| 蛋 | 114.2 | 97.1 | 104.9 | 110.4 | 93.0 |
| 水产品 | 112.1 | 108.0 | 104.2 | 104.4 | 101.8 |
| 菜 | 101.1 | 113.7 | 108.0 | 99.2 | 106.8 |
| 糖 | 111.2 | 104.2 | 100.5 | 100.1 | 100.4 |
| 茶及饮料 | 104.0 | 104.2 | 102.0 | 101.8 | 101.6 |
| 干鲜瓜果 | 115.9 | 100.1 | 105.9 | 114.1 | 97.6 |
| 液体乳及乳制品 | 105.1 | 103.2 | 105.7 | 108.5 | 98.9 |
| **烟酒及用品** | **102.8** | **102.9** | **100.3** | **99.4** | **102.1** |
| # 烟草 | 100.3 | 100.5 | 100.4 | 100.2 | 104.3 |
| 酒 | 106.7 | 106.3 | 100.3 | 98.2 | 99.2 |
| **衣着** | **102.1** | **103.1** | **102.3** | **102.4** | **102.7** |
| # 服装 | 102.4 | 103.3 | 102.4 | 102.6 | 102.8 |
| 鞋袜帽 | 100.7 | 102.3 | 101.6 | 101.9 | 102.5 |
| **家庭设备用品及维修服务** | **102.4** | **101.9** | **101.5** | **101.2** | **101.0** |
| # 耐用消费品 | 100.4 | 100.4 | 100.3 | 100.3 | 100.0 |
| 室内装饰品 | 101.0 | 100.8 | 100.4 | 100.0 | 100.5 |
| 家庭服务及加工维修服务 | 111.4 | 109.7 | 108.7 | 107.3 | 106.6 |
| **医疗保健和个人用品** | **103.4** | **102.0** | **101.3** | **101.3** | **102.0** |
| 医疗保健 | 102.9 | 101.7 | 101.5 | 101.7 | 102.7 |
| 个人用品及服务 | 104.4 | 102.6 | 101.0 | 100.4 | 100.6 |
| **交通和通信** | **100.5** | **99.9** | **99.6** | **99.9** | **98.3** |
| 交通 | 102.6 | 101.2 | 100.2 | 100.2 | 97.5 |
| 通信 | 97.5 | 98.0 | 98.8 | 99.4 | 99.5 |
| **娱乐教育文化用品及服务** | **100.4** | **100.5** | **101.8** | **101.9** | **101.4** |
| 文娱用耐用消费品及服务 | 93.7 | 94.5 | 96.3 | 97.3 | 98.5 |
| 教育 | 101.3 | 101.7 | 102.7 | 102.4 | 102.7 |
| 文化娱乐 | 101.1 | 101.3 | 101.4 | 101.3 | 101.8 |
| 旅游 | 103.8 | 101.7 | 104.0 | 105.0 | 99.5 |
| **居住** | **105.3** | **102.1** | **102.8** | **102.0** | **100.7** |
| 建房及装修材料 | 104.7 | 101.0 | 101.2 | 101.0 | 100.0 |
| 住房租金 | 105.3 | 102.7 | 104.1 | 103.3 | 102.6 |
| 自有住房 | 106.5 | 102.3 | 103.8 | 103.0 | 102.1 |
| 水电燃料 | 103.5 | 102.4 | 101.6 | 100.7 | 98.0 |

数据来源：国家统计局统计资料。

## 11. 粮食成本收益变化情况表（1991 ~ 2015 年）

单位：元

| 年份 | 每 50 公斤平均出售价格 | | | | 每亩总成本 | | | | 每亩净利润 | | | |
|---|---|---|---|---|---|---|---|---|---|---|---|---|
| | 粮食平均 | 稻谷 | 小麦 | 玉米 | 粮食平均 | 稻谷 | 小麦 | 玉米 | 粮食平均 | 稻谷 | 小麦 | 玉米 |
| 1991 | 26.1 | 28.5 | 30.0 | 21.1 | 153.9 | 188.4 | 138.4 | 135.3 | 34.3 | 62.4 | 6.3 | 34.0 |
| 1992 | 28.4 | 29.3 | 33.1 | 24.3 | 163.8 | 192.3 | 149.3 | 150.6 | 44.0 | 67.7 | 21.2 | 42.3 |
| 1993 | 35.8 | 40.4 | 36.5 | 30.2 | 178.6 | 211.2 | 169.8 | 155.2 | 92.3 | 145.1 | 35.6 | 95.8 |
| 1994 | 59.4 | 71.2 | 56.5 | 48.2 | 239.4 | 298.1 | 213.2 | 206.7 | 190.7 | 316.7 | 82.3 | 173.3 |
| 1995 | 75.1 | 82.1 | 75.4 | 67.0 | 321.8 | 391.4 | 281.7 | 292.2 | 223.9 | 311.1 | 130.5 | 230.1 |
| 1996 | 72.3 | 80.6 | 81.0 | 57.2 | 388.7 | 458.3 | 359.5 | 351.2 | 155.7 | 247.5 | 92.9 | 123.8 |
| 1997 | 65.1 | 69.4 | 70.1 | 55.8 | 386.1 | 450.2 | 349.5 | 358.4 | 105.4 | 171.8 | 74.8 | 69.8 |
| 1998 | 62.1 | 66.9 | 66.6 | 53.8 | 383.9 | 437.4 | 357.5 | 356.6 | 79.3 | 155.9 | –6.2 | 88.2 |
| 1999 | 53.0 | 56.6 | 60.4 | 43.7 | 370.7 | 425.2 | 351.5 | 337.2 | 25.6 | 75.8 | –12.1 | 11.2 |
| 2000 | 48.4 | 51.7 | 52.9 | 42.8 | 356.2 | 401.7 | 352.5 | 330.6 | –3.2 | 50.1 | –28.8 | –6.9 |
| 2001 | 51.5 | 53.7 | 52.5 | 48.3 | 350.6 | 400.5 | 323.6 | 327.9 | 39.4 | 81.4 | –27.5 | 64.3 |
| 2002 | 49.2 | 51.4 | 51.3 | 45.6 | 370.4 | 415.8 | 342.7 | 351.6 | 4.9 | 37.6 | –52.7 | 30.8 |
| 2003 | 56.5 | 60.1 | 56.4 | 52.7 | 368.3 | 419.1 | 339.6 | 347.6 | 42.9 | 94.9 | –30.3 | 62.8 |
| 2004 | 70.7 | 79.8 | 74.5 | 58.1 | 395.5 | 454.6 | 355.9 | 375.7 | 196.5 | 285.1 | 169.6 | 134.9 |
| 2005 | 67.4 | 77.7 | 69.0 | 55.5 | 425.0 | 493.3 | 389.6 | 392.3 | 122.6 | 192.7 | 79.4 | 95.5 |
| 2006 | 72.0 | 80.6 | 71.6 | 63.4 | 444.9 | 518.2 | 404.8 | 411.8 | 155.0 | 202.4 | 117.7 | 144.8 |
| 2007 | 78.8 | 85.2 | 75.6 | 74.8 | 481.1 | 555.2 | 438.6 | 449.7 | 185.2 | 229.1 | 125.3 | 200.8 |
| 2008 | 83.5 | 95.1 | 82.8 | 72.5 | 562.4 | 665.1 | 498.6 | 523.5 | 186.4 | 235.6 | 164.5 | 159.2 |
| 2009 | 91.3 | 99.1 | 92.4 | 82.0 | 630.3 | 716.7 | 592.0 | 582.3 | 162.4 | 217.6 | 125.5 | 144.2 |
| 2010 | 103.8 | 118.0 | 99.0 | 93.6 | 672.7 | 766.6 | 618.6 | 632.6 | 227.2 | 309.8 | 132.2 | 239.7 |
| 2011 | 115.4 | 134.5 | 104.0 | 106.1 | 791.2 | 897.0 | 712.3 | 764.2 | 250.8 | 371.3 | 117.9 | 263.1 |
| 2012 | 119.9 | 138.1 | 108.3 | 111.1 | 936.4 | 1055.1 | 830.4 | 924.2 | 168.4 | 285.7 | 21.3 | 197.7 |
| 2013 | 121.1 | 136.5 | 117.8 | 108.8 | 1026.2 | 1151.1 | 914.7 | 1012.0 | 72.9 | 154.8 | –12.8 | 77.5 |
| 2014 | 124.4 | 140.6 | 120.6 | 111.9 | 1068.6 | 1176.6 | 965.1 | 1063.9 | 124.8 | 204.8 | 87.8 | 81.8 |
| 2015 | 116.3 | 138.0 | 116.4 | 94.2 | 1090.0 | 1202.1 | 984.3 | 1083.7 | 19.6 | 175.4 | 17.4 | –134.2 |

数据来源：国家发展改革委统计资料。

## 12. 国有粮食企业主要粮食品种收购量（1978 ~ 2015 年）

单位：贸易粮，万吨

| 年　份 | 合计 | 小麦 | 大米 | 玉米 | 大豆 | 其他 |
|---|---|---|---|---|---|---|
| 1978 | 5110.2 | 1176.8 | 1995.7 | 1046.7 | 216.0 | 675.0 |
| 1979 | 5925.0 | 1562.6 | 2201.0 | 1281.0 | 205.0 | 675.6 |
| 1980 | 5882.1 | 1396.1 | 2214.5 | 1357.8 | 296.5 | 617.3 |
| 1981 | 6255.5 | 1418.3 | 2421.1 | 1408.0 | 412.6 | 595.6 |
| 1982 | 7367.5 | 1933.6 | 2900.3 | 1427.4 | 401.7 | 704.5 |
| 1983 | 9879.6 | 2763.3 | 3312.4 | 2337.8 | 409.8 | 1056.3 |
| 1984 | 11165.9 | 3427.0 | 3858.1 | 2588.1 | 382.4 | 910.4 |
| 1985 | 7925.5 | 2666.1 | 3012.9 | 1374.2 | 503.3 | 369.0 |
| 1986 | 9453.2 | 2842.0 | 3258.7 | 2183.1 | 653.7 | 515.7 |
| 1987 | 9920.1 | 2816.2 | 3143.7 | 2848.6 | 609.7 | 501.9 |
| 1988 | 9430.4 | 2673.9 | 3185.9 | 2414.7 | 693.5 | 462.4 |
| 1989 | 10040.2 | 2855.5 | 3622.9 | 2587.7 | 620.0 | 354.1 |
| 1990 | 12364.5 | 3646.6 | 4316.0 | 3372.8 | 661.2 | 367.9 |
| 1991 | 11423.0 | 3392.5 | 3810.0 | 3338.4 | 582.2 | 300.0 |
| 1992 | 10414.4 | 3841.4 | 3272.6 | 2621.7 | 406.1 | 272.6 |
| 1993 | 9234.0 | 3373.1 | 2505.0 | 2470.0 | 606.2 | 279.7 |
| 1994 | 9226.4 | 3230.4 | 2697.6 | 2185.0 | 732.2 | 381.2 |
| 1995 | 9443.8 | 3125.0 | 3061.4 | 2435.6 | 522.5 | 299.3 |
| 1996 | 11919.8 | 3614.8 | 3382.2 | 4224.7 | 437.8 | 260.4 |
| 1997 | 11535.4 | 4600.2 | 3510.6 | 2692.2 | 515.2 | 217.3 |
| 1998 | 9654.5 | 2795.6 | 2562.0 | 3867.4 | 351.0 | 78.5 |
| 1999 | 12807.7 | 3863.3 | 3186.1 | 5425.1 | 246.6 | 86.6 |
| 2000 | 11695.1 | 4018.2 | 3327.3 | 4019.2 | 237.9 | 92.5 |
| 2001 | 11784.2 | 4437.9 | 2798.8 | 4128.2 | 326.8 | 92.5 |
| 2002 | 10826.3 | 4201.3 | 2189.6 | 4182.0 | 140.4 | 113.0 |
| 2003 | 9717.1 | 3682.0 | 2109.8 | 3702.5 | 120.3 | 102.5 |
| 2004 | 8919.5 | 3448.1 | 2138.1 | 3158.1 | 91.0 | 84.2 |
| 2005 | 11493.8 | 3745.2 | 2572.3 | 4529.9 | 506.0 | 140.4 |
| 2006 | 12256.5 | 6040.0 | 2153.5 | 3424.7 | 492.2 | 146.2 |
| 2007 | 10167.4 | 4733.2 | 1985.1 | 3008.3 | 321.5 | 119.5 |
| 2008 | 15470.8 | 6712.7 | 3604.9 | 4754.2 | 313.4 | 85.6 |
| 2009 | 15223.0 | 6834.0 | 2637.5 | 4988.5 | 653.0 | 110.2 |
| 2010 | 12406.0 | 6177.7 | 2136.0 | 3333.7 | 648.8 | 109.9 |
| 2011 | 11442.7 | 4650.4 | 2799.3 | 3428.1 | 465.7 | 99.2 |
| 2012 | 12363.5 | 4871.4 | 2574.4 | 4260.9 | 563.9 | 92.9 |
| 2013 | 16887.4 | 4023.8 | 3979.4 | 8472.7 | 317.2 | 94.3 |
| 2014 | 18985.2 | 5779.1 | 3826.0 | 8995.5 | 317.1 | 67.6 |
| 2015 | 24386.8 | 5095.3 | 4051.0 | 15046.6 | 140.1 | 53.8 |

注：1978 ~ 2002 年粮食购销存数字按粮食年度统计，粮食年度是指当年 4 月 1 日至翌年 3 月 31 日。从 2003 年开始，粮食统计年度改为日历年度。年度数字均为国有粮食企业收购量。

数据来源：国家粮食局统计资料。

## 13. 国有粮食企业主要粮食品种销售量（1978 ~ 2015 年）

单位：贸易粮，万吨

| 年　份 | 合计 | 小麦 | 大米 | 玉米 | 大豆 | 其他 |
|---|---|---|---|---|---|---|
| 1978 | 5343.5 | 1869.5 | 1773.9 | 876.1 | 162.5 | 661.5 |
| 1979 | 5679.1 | 1940.3 | 1826.0 | 1067.9 | 179.8 | 665.1 |
| 1980 | 6416.8 | 2256.8 | 2014.3 | 1301.5 | 204.4 | 639.9 |
| 1981 | 7223.3 | 2563.5 | 2122.9 | 1622.3 | 239.0 | 675.6 |
| 1982 | 7710.4 | 2858.1 | 2289.5 | 1596.7 | 271.8 | 694.4 |
| 1983 | 8003.2 | 3005.9 | 2497.7 | 1458.5 | 288.8 | 752.4 |
| 1984 | 10417.9 | 3699.7 | 3438.5 | 1932.0 | 355.3 | 992.5 |
| 1985 | 8564.9 | 3078.5 | 3006.3 | 1328.1 | 322.9 | 829.1 |
| 1986 | 9347.7 | 3618.1 | 3243.9 | 1357.0 | 321.3 | 807.4 |
| 1987 | 9190.8 | 3643.3 | 3080.0 | 1423.8 | 355.5 | 688.2 |
| 1988 | 10091.0 | 3885.2 | 3038.0 | 1898.6 | 406.7 | 862.5 |
| 1989 | 8931.1 | 3521.8 | 2566.2 | 1846.1 | 346.5 | 650.5 |
| 1990 | 9033.3 | 3574.9 | 2770.5 | 1723.1 | 341.7 | 623.1 |
| 1991 | 10433.0 | 4085.0 | 3267.4 | 1046.3 | 1402.6 | 631.7 |
| 1992 | 9000.0 | 3247.0 | 3044.4 | 1637.3 | 256.8 | 814.5 |
| 1993 | 6700.3 | 2848.5 | 2128.5 | 1088.2 | 229.9 | 405.2 |
| 1994 | 7648.4 | 3328.2 | 2609.4 | 1121.3 | 234.0 | 355.5 |
| 1995 | 9264.2 | 3707.6 | 2896.8 | 1570.0 | 620.3 | 469.5 |
| 1996 | 7340.6 | 3090.3 | 2259.5 | 1346.7 | 356.8 | 287.3 |
| 1997 | 6830.7 | 2439.3 | 2042.9 | 1632.3 | 429.4 | 286.7 |
| 1998 | 6116.0 | 2137.1 | 1795.5 | 1648.5 | 348.6 | 186.3 |
| 1999 | 9353.3 | 3137.1 | 2420.9 | 3197.6 | 439.4 | 158.2 |
| 2000 | 12556.9 | 3961.9 | 3029.8 | 4718.5 | 645.5 | 201.2 |
| 2001 | 8528.7 | 3225.6 | 2155.6 | 2574.9 | 439.2 | 133.4 |
| 2002 | 12070.0 | 4733.0 | 3155.5 | 3551.5 | 510.5 | 119.5 |
| 2003 | 13453.7 | 5500.3 | 3559.1 | 3800.9 | 422.2 | 171.3 |
| 2004 | 11944.0 | 4640.6 | 3246.2 | 3574.5 | 309.3 | 173.4 |
| 2005 | 12138.3 | 4276.9 | 2556.8 | 4348.8 | 841.7 | 114.2 |
| 2006 | 12034.2 | 4246.1 | 2671.4 | 4133.2 | 847.6 | 135.9 |
| 2007 | 12958.3 | 5104.0 | 2896.0 | 3890.4 | 892.8 | 175.2 |
| 2008 | 15324.9 | 7352.9 | 3120.0 | 3985.4 | 755.9 | 110.7 |
| 2009 | 16693.2 | 7094.2 | 3054.1 | 5261.4 | 1145.8 | 137.8 |
| 2010 | 18911.2 | 7569.0 | 3047.6 | 6454.8 | 1662.9 | 176.9 |
| 2011 | 18922.5 | 7342.2 | 3609.5 | 5839.1 | 1992.2 | 139.6 |
| 2012 | 16829.4 | 6930.0 | 2970.8 | 4548.0 | 2188.1 | 192.6 |
| 2013 | 19442.4 | 7623.6 | 3064.0 | 6179.7 | 2418.0 | 157.2 |
| 2014 | 21133.2 | 6125.0 | 3859.4 | 8226.3 | 2618.1 | 304.5 |
| 2015 | 18685.3 | 5616.0 | 4002.1 | 5639.4 | 2704.6 | 723.2 |

注：1978 ~ 2002 年粮食购销存数字按粮食年度统计，粮食年度是指当年 4 月 1 日至翌年 3 月 31 日。从 2003 年开始，粮食统计年度改为日历年度。年度数字均为国有粮食企业销售量。

数据来源：国家粮食局统计资料。

## 14. 全国粮油进口情况表（1992 ~ 2015 年）

单位：万吨

| 年 份 | 粮食 | 谷物 | | | | | 大豆 | 食用植物油 | 豆油 | 菜籽油 | 棕榈油 | 花生油 |
|---|---|---|---|---|---|---|---|---|---|---|---|---|
| | | | 小麦 | 大米 | 玉米 | 大麦 | | | | | | |
| 1992 | 1182.1 | 1152.0 | 1058.1 | 10.4 | 0.0 | 0.0 | 0.0 | 37.6 | 18.3 | 18.9 | 0.0 | 0.5 |
| 1993 | 16.3 | 0.7 | 0.6 | 0.0 | 0.0 | 0.0 | 0.0 | 23.6 | 7.6 | 15.0 | 0.0 | 0.8 |
| 1994 | 925.1 | 913.4 | 729.9 | 51.4 | 0.1 | 0.0 | 0.0 | 160.8 | 106.3 | 52.9 | 0.0 | 1.4 |
| 1995 | 2082.5 | 2035.7 | 1158.6 | 164.2 | 518.1 | 0.0 | 0.0 | 213.5 | 148.2 | 63.1 | 0.0 | 1.4 |
| 1996 | 1105.6 | 1078.1 | 824.6 | 76.1 | 44.1 | 0.0 | 0.0 | 162.7 | 129.5 | 31.6 | 0.0 | 0.5 |
| 1997 | 738.4 | 410.4 | 186.1 | 32.6 | 0.0 | 187.4 | 287.6 | 159.1 | 122.5 | 35.1 | 0.0 | 1.1 |
| 1998 | 742.0 | 382.4 | 148.9 | 24.4 | 25.1 | 151.9 | 319.2 | 112.7 | 83.2 | 28.5 | 0.0 | 0.9 |
| 1999 | 808.8 | 333.8 | 44.8 | 16.8 | 7.0 | 226.9 | 431.9 | 88.7 | 80.4 | 6.9 | 0.0 | 1.0 |
| 2000 | 1390.7 | 312.4 | 91.0 | 23.9 | 0.3 | 196.1 | 1041.9 | 41.4 | 30.6 | 7.5 | 1.5 | 1.0 |
| 2001 | 1950.4 | 344.3 | 73.9 | 26.9 | 3.9 | 236.8 | 1393.9 | 149.2 | 7.0 | 4.9 | 136.0 | 0.9 |
| 2002 | 1605.1 | 284.9 | 63.2 | 23.6 | 0.8 | 190.7 | 1131.4 | 266.3 | 87.0 | 7.8 | 169.5 | 0.4 |
| 2003 | 2525.8 | 208.0 | 44.7 | 25.7 | 0.1 | 136.3 | 2074.1 | 441.2 | 188.4 | 15.2 | 232.8 | 0.7 |
| 2004 | 3351.5 | 974.5 | 725.8 | 75.6 | 0.2 | 170.7 | 2023.0 | 529.1 | 251.6 | 35.3 | 239.0 | 0.0 |
| 2005 | 3647.0 | 627.1 | 353.9 | 51.4 | 0.4 | 217.9 | 2659.0 | 471.9 | 169.4 | 17.8 | 283.8 | 0.0 |
| 2006 | 3713.8 | 358.2 | 61.3 | 71.9 | 6.5 | 213.1 | 2823.7 | 581.3 | 154.3 | 4.4 | 418.7 | 0.0 |
| 2007 | 3731.0 | 155.5 | 10.1 | 48.8 | 3.5 | 91.3 | 3081.7 | 767.5 | 282.3 | 37.5 | 438.7 | 1.1 |
| 2008 | 4130.6 | 154.0 | 4.3 | 33.0 | 5.0 | 107.6 | 3743.6 | 752.8 | 258.6 | 27.0 | 464.7 | 0.6 |
| 2009 | 5223.1 | 315.0 | 90.4 | 35.7 | 8.4 | 173.8 | 4255.1 | 816.2 | 239.1 | 46.8 | 511.4 | 2.1 |
| 2010 | 6695.4 | 570.7 | 123.1 | 38.8 | 157.3 | 236.7 | 5479.8 | 687.2 | 134.1 | 98.5 | 431.4 | 6.8 |
| 2011 | 6390.0 | 544.6 | 125.8 | 59.8 | 175.4 | 177.6 | 5263.7 | 656.8 | 114.3 | 55.1 | 470.1 | 6.1 |
| 2012 | 8024.6 | 1398.2 | 370.1 | 236.9 | 520.8 | 252.8 | 5838.4 | 845.1 | 182.6 | 117.6 | 523.0 | 6.3 |
| 2013 | 8645.2 | 1458.1 | 553.5 | 227.1 | 326.6 | 233.5 | 6337.5 | 809.8 | 115.8 | 152.7 | 487.4 | 6.1 |
| 2014 | 10042.4 | 1951.0 | 300.4 | 257.9 | 259.9 | 541.3 | 7139.9 | 650.2 | 113.5 | 81.0 | 396.9 | 9.4 |
| 2015 | 12477.5 | 3270.4 | 300.6 | 337.7 | 473.0 | 1073.2 | 8169.2 | 676.5 | 81.8 | 81.5 | 431.2 | 12.8 |

数据来源：国家发展改革委统计资料。

## 15. 全国粮油出口情况表（1992 ~ 2015 年）

单位：万吨

| 年　份 | 粮食 | 谷物 | | | | 大豆 | 食用植物油 | | |
|---|---|---|---|---|---|---|---|---|---|
| | | | 小麦 | 大米 | 玉米 | | | 豆油 | 菜籽油 |
| 1992 | 1390.8 | 1193.9 | 0.3 | 95.3 | 1034.0 | 0.0 | 6.4 | 0.4 | 5.3 |
| 1993 | 151.5 | 1.3 | 0.0 | 0.1 | 1.1 | 0.0 | 13.2 | 1.5 | 5.8 |
| 1994 | 1306.3 | 1087.7 | 10.7 | 151.9 | 874.0 | 0.0 | 26.7 | 7.3 | 16.1 |
| 1995 | 162.2 | 43.2 | 1.6 | 4.7 | 11.3 | 0.0 | 25.2 | 6.6 | 17.1 |
| 1996 | 134.9 | 67.6 | 0.0 | 26.5 | 15.9 | 0.0 | 30.8 | 12.7 | 17.4 |
| 1997 | 878.1 | 788.5 | 0.1 | 93.9 | 661.7 | 18.6 | 71.0 | 55.6 | 14.1 |
| 1998 | 939.0 | 860.7 | 0.6 | 373.7 | 468.6 | 17.0 | 27.0 | 18.6 | 7.3 |
| 1999 | 840.3 | 721.2 | 0.1 | 270.8 | 430.5 | 20.4 | 9.2 | 5.3 | 2.6 |
| 2000 | 1452.4 | 1359.4 | 18.8 | 294.8 | 1029.4 | 21.1 | 11.0 | 3.5 | 5.4 |
| 2001 | 991.2 | 875.6 | 71.3 | 185.9 | 600.0 | 24.8 | 13.5 | 6.0 | 5.4 |
| 2002 | 1619.6 | 1482.2 | 97.7 | 198.2 | 1167.5 | 27.6 | 9.7 | 4.7 | 1.8 |
| 2003 | 2354.6 | 2194.7 | 251.4 | 260.5 | 1640.1 | 26.7 | 6.0 | 1.1 | 0.5 |
| 2004 | 620.4 | 473.4 | 108.9 | 89.8 | 232.4 | 33.5 | 6.5 | 1.9 | 0.5 |
| 2005 | 1182.3 | 1013.7 | 60.5 | 67.4 | 864.2 | 39.6 | 22.5 | 6.3 | 3.1 |
| 2006 | 774.4 | 605.2 | 151.0 | 124.0 | 309.9 | 37.9 | 39.9 | 11.8 | 14.5 |
| 2007 | 1169.5 | 986.7 | 307.3 | 134.3 | 492.1 | 45.6 | 16.6 | 6.6 | 2.2 |
| 2008 | 378.9 | 181.2 | 31.0 | 97.2 | 27.3 | 46.5 | 24.8 | 13.4 | 0.7 |
| 2009 | 328.3 | 131.7 | 24.5 | 78.0 | 13.0 | 34.6 | 11.4 | 6.9 | 0.9 |
| 2010 | 275.1 | 119.9 | 27.7 | 62.2 | 12.7 | 16.4 | 9.2 | 5.9 | 0.4 |
| 2011 | 287.5 | 116.4 | 32.8 | 51.6 | 13.6 | 20.8 | 12.2 | 5.1 | 0.3 |
| 2012 | 276.6 | 96.0 | 28.5 | 27.9 | 25.7 | 32.0 | 10.0 | 6.5 | 0.7 |
| 2013 | 243.1 | 94.7 | 27.8 | 47.8 | 7.8 | 20.9 | 11.5 | 9.0 | 0.6 |
| 2014 | 211.4 | 70.9 | 19.0 | 41.9 | 2.0 | 20.7 | 13.4 | 10.0 | 0.7 |
| 2015 | 163.5 | 47.8 | 12.2 | 28.7 | 1.1 | 13.4 | 13.5 | 10.4 | 0.5 |

数据来源：国家发展改革委统计资料。

# 后　记

经国家粮食局批准，在有关部门的大力支持下，《中国粮食发展报告》自2004年以来已连续出版12年，受到社会的普遍关注，得到了有关部门及社会各界的一致肯定。《2016中国粮食发展报告》（以下简称《报告》）全面、客观地介绍了我国2015年粮食发展情况，针对当前粮食生产和流通领域的热点、难点问题进行对策研究，收录了较为完备的粮食行业统计资料。《报告》（包括附表）所有统计资料和数据均未包括我国香港、澳门特别行政区和台湾地区。

《报告》在编写过程中得到了国家发展改革委、农业部、国家统计局等有关部门的大力支持，参加《报告》编写工作的部门及单位有：国家发展改革委经贸司、农经司、价格司，农业部种植业管理司，国家统计局综合司、农村司，国家粮食局办公室、调控司、政策法规司、规划财务司、仓储与科技司、监督检查司、外事司、人事司，中国粮食研究培训中心、国家粮油信息中心、标准质量中心，中国粮食行业协会、中国粮油学会等。

在此，谨向在《报告》编写过程中给予大力支持的领导、专家和同志们表示衷心的感谢！《报告》如有不妥之处，敬请批评指正。

中国粮食研究培训中心

《中国粮食发展报告》编辑部

2016年10月8日